新世纪农村普法读本

依法治国之送法下乡

农村居民在城市务工权益保护法律指南

（案例应用版）

段建辉◎著

中国政法大学出版社

2015·北京

序　言

随着我国社会主义市场经济的逐步完善和新农村建设的不断发展，劳动力市场化调节使农村大量的剩余劳动力向城镇转移的速度不断加快，农民工已经成为城市建设的一支非常重要的力量。相应地，农民工问题也成为当前重要的社会问题，受到社会各界的重视和关注。农民工是伴随着我国城镇化进程出现的一个特殊群体，农民工问题是我国社会发展过渡时期的产物，是一个长期需要解决的重要问题。虽然目前我国法律法规及政策在不同程度上对这一弱势群体的劳动权益加以了保护，但由于历史、各种体制和农民工自身的原因，势单力薄的农民工在外打工过程中发现，其合法权益经常难以得到保障，经常会遇到如拖欠工资、劳动合同签订率低且权利义务不平衡；劳动强度大，与城镇职工同工不同酬；社会保障虚无的各种问题。这些问题的出现，无疑是和当今我国建设法治社会，维护民众合法利益的法律价值观背道而驰的，是对弱势群体利益保护的无力表现。

本书正是针对当前农民工劳动权益难以得到保障，不时受到用人单位侵害的现状，以《劳动法》、《劳动合同法》、《劳动争议调解仲裁法》三部基本法律和《工伤保险条例》及相关的司法解释为主线，围绕劳动合同关系、劳动权益、妇女和未成年人特殊劳动保护关系，选取了100个典型案例，以通俗易懂的方式告诉农民工朋友相关的法律知识，以达到使其提高自我法律维权意识，最终维护自己合法权益的目的。

　　本着为农民工解决问题的宗旨，同时为了让农民工朋友看得轻松、读得愉快，全书语言力求简洁平实，案例典型、真实、有代表性，以达到生动有趣、通俗易懂、简洁实用的编写目的。本书既有对有关理论深入浅出的介绍，又有对相关法律法规的引用和分析。通过对本书的阅读，农民工朋友不仅可以了解在打工过程中可能遇到的各种常见问题，提高自身打工过程中预防风险的能力，而且在维权方面，不仅知其然，而且知其所以然，切实提高自身法律维权的能力。

段建辉

2014 年 12 月于北京

目 录

1 女职工在休产假期间拥有哪些权利？

典型事例

陈某是某私营制衣厂的缝纫工，1996 年 2 月 26 日生育一对双胞胎后在家休息，4 月 7 日接到厂方通知让其上班。陈某因生育双胞胎且系难产，身体恢复较慢，没有回厂上班，直到 5 月底才开始上班。厂方以陈某违反厂规为由，从其工资中扣除了 70 元。陈某向厂方提出，生育应享受 90 天产假，自己并没有违反规定，要求补发所扣工资。厂方以厂里女工多，厂规规定产假只能歇 45 天，产假期间每月只能发 80 元生活费为由予以拒绝。陈某为此向劳动仲裁机关提出申诉，请求企业落实女工特殊劳动保护，补发所扣工资。

法律分析

在女职工产假方面，我们应该注意以下问题：

1. 产假的期限。女职工生育享受 98 天产假，其中产前可以休假 15 天；难产的，增加产假 15 天；生育多胞胎的，每多生育 1 个婴儿，增加产假 15 天。女职工怀孕未满 4 个月流产的，享受 15 天产假；怀孕满 4 个月流产的，享受 42 天产假。而本案中，该厂规定女职工产假只有 45 天，比法律规定少了一半时间，而且没有执行对多胞胎生育职工增加 15 天产假的规定。

2. 劳动合同的解除和终止。女职工在孕期、产期、哺乳期的，

1

用人单位不得依照《劳动合同法》第 40 条、第 41 条的规定解除劳动合同；劳动者在医疗期、孕期、产期和哺乳期内，劳动合同期限届满时，用人单位不得终止劳动合同，劳动合同的期限应自动延续至医疗期、孕期、产期和哺乳期期满为止。

3. 产假期间的工资待遇及医疗费用。用人单位不得在女职工怀孕期、产假、哺乳期降低其基本工资。女职工产假期间的生育津贴，对已经参加生育保险的，按照用人单位上年度职工月平均工资的标准由生育保险基金支付；对未参加生育保险的，按照女职工产假前工资的标准由用人单位支付。女职工生育或者流产的医疗费用，按照生育保险规定的项目和标准，对已经参加生育保险的，由生育保险基金支付；对未参加生育保险的，由用人单位支付。

本案中，厂方在女职工产假期间每月只发 80 元生活费的行为是违法的，如果陈某参加了生育保险社会统筹，可以享受社会保险经办机构发给的生育津贴；如果陈某没有参加生育保险社会统筹，由厂方支付产假期间的工资。

法律依据‖

《劳动法》第 62 条："女职工生育享受不少于九十天的产假。"

《女职工劳动保护特别规定》第 5 条："用人单位不得因女职工怀孕、生育、哺乳降低其工资、予以辞退、与其解除劳动或者聘用合同。"

《女职工劳动保护特别规定》第 7 条："女职工生育享受 98 天产假，其中产前可以休假 15 天；难产的，增加产假 15 天；生育多胞胎的，每多生育 1 个婴儿，增加产假 15 天。

女职工怀孕未满 4 个月流产的，享受 15 天产假；怀孕满 4 个月流产的，享受 42 天产假。"

《女职工劳动保护特别规定》第8条："女职工产假期间的生育津贴，对已经参加生育保险的，按照用人单位上年度职工月平均工资的标准由生育保险基金支付；对未参加生育保险的，按照女职工产假前工资的标准由用人单位支付。

女职工生育或者流产的医疗费用，按照生育保险规定的项目和标准，对已经参加生育保险的，由生育保险基金支付；对未参加生育保险的，由用人单位支付。"

《女职工劳动保护特别规定》第14条："用人单位违反本规定，侵害女职工合法权益的，女职工可以依法投诉、举报、申诉，依法向劳动人事争议调解仲裁机构申请调解仲裁，对仲裁裁决不服的，依法向人民法院提起诉讼。"

2 用人单位拖欠农民工工资，农民工可以解除劳动合同吗？

典型事例

朱某等5人是某装饰材料厂劳动合同制工人，2000年6月与该厂签订了为期6年的劳动合同。2003年9月份以来，该厂由于产品质量问题，经营状况一直不好，产品大量积压，造成资金困难。从2003年11月份起，厂里连续8个月给朱某等5人只发放60%的工资，其余部分一直拖着未发。从2004年7月份开始，朱某等5人多次向厂里提出补发工资的要求，但厂方总以资金周转困难，暂时没有钱为其补发工资为由一拖再拖，当朱某等5人看到请求厂里补发工资无望时，便提出解除劳动合同。该厂以车间人员不足，解除劳动合同会给厂里带来损失为由，拒绝了朱某等5人解除劳动合同的要求，并称如果朱某等5人一定要解除合同，厂方将不为其办理转移社会保险手续。朱某等5人虽同厂方进行了多次协

3

商，但问题始终没有得到解决，只好向当地劳动争议仲裁委员会申诉，请求劳动争议仲裁委员会维护他们的合法权益。

法律分析

这是一起因企业不按劳动合同约定支付劳动报酬，拖欠职工工资，由职工提出解除劳动合同而与企业发生劳动争议的案件。依据法律的规定，用人单位未按劳动合同的约定支付劳动报酬或者提供劳动条件的，劳动者可以随时通知用人单位解除劳动合同。法律还规定工资应当以货币的形式按月支付给劳动者本人。用人单位未按劳动合同约定支付劳动报酬，既包括未支付劳动合同中约定的工资数额，也包括未遵守由法律规定的和劳动合同中约定的工资支付日期。

本案中，该装饰材料厂连续8个月不按劳动合同约定支付朱某等5人的工资报酬，构成了对劳动者享有劳动报酬权益的侵犯，朱某等5人根据《劳动合同法》的规定，提出解除劳动合同的请求是符合法律规定的，在解除劳动合同的同时，劳动者可以向法院申请支付令要求用人单位支付工资，还可以要求用人单位支付经济补偿金，如果用人单位拒不支付还可以要求赔偿金。该装饰材料厂应当接受并为他们依法办理解除劳动合同的有关手续，不应当无理拒绝，更不应以不办理转移社会保险手续相威胁。因此，仲裁委员会应该支持他们的要求。

法律依据

《劳动合同法》第30条："用人单位应当按照劳动合同约定和国家规定，向劳动者及时足额支付劳动报酬。

用人单位拖欠或者未足额支付劳动报酬的，劳动者可以依法向当地人民法院申请支付令，人民法院应当依法发出支付令。"

《劳动合同法》第 38 条:"用人单位有下列情形之一的, 劳动者可以解除劳动合同:

(一) 未按照劳动合同约定提供劳动保护或者劳动条件的;

(二) 未及时足额支付劳动报酬的;

(三) 未依法为劳动者缴纳社会保险费的;

(四) 用人单位的规章制度违反法律、法规的规定, 损害劳动者权益的;

(五) 因本法第二十六条第一款规定的情形致使劳动合同无效的;

(六) 法律、行政法规规定劳动者可以解除劳动合同的其他情形。

用人单位以暴力、威胁或者非法限制人身自由的手段强迫劳动者劳动的, 或者用人单位违章指挥、强令冒险作业危及劳动者人身安全的, 劳动者可以立即解除劳动合同, 不需事先告知用人单位。"

《劳动合同法》第 85 条:"用人单位有下列情形之一的, 由劳动行政部门责令限期支付劳动报酬、加班费或者经济补偿; 劳动报酬低于当地最低工资标准的, 应当支付其差额部分; 逾期不支付的, 责令用人单位按应付金额百分之五十以上百分之一百以下的标准向劳动者加付赔偿金:

(一) 未按照劳动合同的约定或者国家规定及时足额支付劳动者劳动报酬的;

(二) 低于当地最低工资标准支付劳动者工资的;

(三) 安排加班不支付加班费的;

(四) 解除或者终止劳动合同, 未依照本法规定向劳动者支付经济补偿的。"

3 用人单位不能安排女工从事哪些禁忌劳动？

典型事例

齐某等 26 名女工是 1987 年被某电镀厂招收的正式职工。进厂后，厂方安排她们从事镀镉池的操作工作。电镀厂从未向其讲明这一工作的有毒有害物质，也未对其进行培训就上岗工作。1991年先后有 7 名怀孕女工感觉不适，经检查，医务部门确认与其工作接触镉等化学物质有关。医生叮嘱他们不要从事现在的工作。这几名女工就此事向厂长提出疑问，厂长声称绝对没有问题。女工们向有关部门询问，咨询结果是电镀厂不应安排怀孕女工从事直接接触镀镉液池的操作工作，从事该工作也应给予有毒有害岗位津贴。女工向厂方提出调整岗位，给予津贴补偿的要求。电镀厂不仅不予解决，还以要辞退这些女工相威胁，女工们只好向当地劳动仲裁委员会申诉，请求公正裁决，维护她们的合法权益。

法律分析

国家根据女职工的生理特点需要，对女职工作了较为完善的保护规定，即女职工除了享有男职工享有的劳动保护待遇外，女职工还享有特殊的保护。《女职工劳动保护特别规定》第 4 条规定："用人单位应当遵守女职工禁忌从事的劳动范围的规定。用人单位应当将本单位属于女职工禁忌从事的劳动范围的岗位书面告知女职工。女职工禁忌从事的劳动范围由本规定附录列示。国务院安全生产监督管理部门会同国务院人力资源社会保障行政部门、国务院卫生行政部门根据经济社会发展情况，对女职工禁忌从事的劳动范围进行调整。"女职工禁忌从事的劳动范围对上述事项做出了明确的规定。

1. 女职工禁忌从事的劳动范围:

（1）矿山井下作业;

（2）体力劳动强度分级标准中规定的第四级体力劳动强度的作业;

（3）每小时负重6次以上、每次负重超过20公斤的作业,或者间断负重、每次负重超过25公斤的作业。

2. 女职工在经期禁忌从事的劳动范围:

（1）冷水作业分级标准中规定的第二级、第三级、第四级冷水作业;

（2）低温作业分级标准中规定的第二级、第三级、第四级低温作业;

（3）体力劳动强度分级标准中规定的第三级、第四级体力劳动强度的作业;

（4）高处作业分级标准中规定的第三级、第四级高处作业。

3. 女职工在孕期禁忌从事的劳动范围:

（1）作业场所空气中铅及其化合物、汞及其化合物、苯、镉、铍、砷、氰化物、氮氧化物、一氧化碳、二硫化碳、氯、己内酰胺、氯丁二烯、氯乙烯、环氧乙烷、苯胺、甲醛等有毒物质浓度超过国家职业卫生标准的作业;

（2）从事抗癌药物、己烯雌酚生产,接触麻醉剂气体等的作业;

（3）非密封源放射性物质的操作,核事故与放射事故的应急处置;

（4）高处作业分级标准中规定的高处作业;

（5）冷水作业分级标准中规定的冷水作业;

（6）低温作业分级标准中规定的低温作业;

（7）高温作业分级标准中规定的第三级、第四级的作业;

（8）噪声作业分级标准中规定的第三级、第四级的作业;

（9）体力劳动强度分级标准中规定的第三级、第四级体力劳动强度的作业；

（10）在密闭空间、高压室作业或者潜水作业，伴有强烈振动的作业，或者需要频繁弯腰、攀高、下蹲的作业。

4. 女职工在哺乳期禁忌从事的劳动范围：

（1）孕期禁忌从事的劳动范围的第 1 项、第 3 项、第 9 项；

（2）作业场所空气中锰、氟、溴、甲醇、有机磷化合物、有机氯化合物等有毒物质浓度超过国家职业卫生标准的作业。

根据上述规定，电镀厂不得安排这 7 名怀孕女工从事与镉液直接接触的工作。因此电镀厂必须将其全部调离，并给予有毒有害岗位津贴。厂方不向女职工说明其从事的工作的有毒有害性质，拒不予以津贴和必要的防护，有关部门应当对该厂予以处罚。

法津依据

《女职工劳动保护特别规定》第 4 条："用人单位应当遵守女职工禁忌从事的劳动范围的规定。用人单位应当将本单位属于女职工禁忌从事的劳动范围的岗位书面告知女职工。

女职工禁忌从事的劳动范围由本规定附录列示。国务院安全生产监督管理部门会同国务院人力资源社会保障行政部门、国务院卫生行政部门根据经济社会发展情况，对女职工禁忌从事的劳动范围进行调整。"

4 受欺诈而辞职是否有效？

典型事例

李某是河南省烟草公司 Z 市公司（以下简称 Z 烟草公司）的

一名合同制工人，1982 年 1 月，李到 Z 烟草公司上班后，与该公司签订劳动合同，期限至 1994 年 12 月底。1993 年，Z 烟草公司以烟叶面积下滑、企业内部要进行改革为由，出台了相关裁员方案。该公司采取每月为李某发放 50 元生活费，让李某交纳 5000 元风险抵押金的方式，迫使李某于 1993 年 7 月提出辞职，并承诺公司形势好转时，再通知李某回公司上班等。之后，李某从 Z 烟草公司领取了安家费 1000 元、纪念品 100 元、工资补助 1368 元、养老金 1006 元。双方当时没有办理解除劳动合同手续，Z 烟草公司也没有给李某出具解除劳动合同证明书，没有按规定将档案移交有关部门。李某离开公司后，没有再就业。2005 年，当李某听说 Z 烟草公司形势好转的消息后，便要求到公司上班，但 Z 烟草公司却以双方已解除劳动合同关系为由予以拒绝。李某于 2005 年 9 月 26日申请劳动仲裁，请求：恢复申诉人的工作；补发 1993 年至 2005年的基本生活费，支付经济补偿金和赔偿金；补发 1993 年至 2005年的工资，并支付 25% 的赔偿金；发给医疗补助费；向 Z 市社会保险经办机构补缴和继续缴纳社会保险费，包括养老、医疗、工伤、失业等保险；补足和继续缴纳住房公积金；办理档案移交手续；办理退职、退休手续；补调工资等级；补发应得的福利待遇；补签无固定期限的劳动合同；支付救济金；进行身份置换，支付身份置换金。2006 年 1 月 10 日，Z 市劳动争议仲裁委员会作出裁决。Z 烟草公司不服裁决，将李某诉至 Z 市人民法院，请求：确认原、被告之间不存在事实劳动关系；原告无义务为被告发放基本生活费；原告无义务为被告缴纳养老、医疗、失业保险金；原告不必为被告办理退休、离休手续等。

法律分析

1. 关于李某辞职行为的效力问题。对合同制工人，无论合同关系是否到期，仅有职工辞职行为，而未能履行解除或终止手续的，均属违反法定程序，因此并不当然产生解除或终止劳动关系的后果，应视为双方劳动关系仍然存在。李某辞职行为与上诉人 Z 烟草公司采取的缴纳高额风险抵押金以及每月只发给 50 元生活费，并承诺待公司经济形势好转时再让职工回公司上班等措施有关联，公司行为具有胁迫、欺诈性质并导致辞职行为无效，故双方存在劳动关系。辞职是劳动者单方面解除劳动合同的一种法律行为。我国《劳动法》和《劳动合同法》均规定，用人单位采取欺诈、胁迫的手段或者乘人之危使对方在违背真实意思的情况下所实施的民事行为无效。这与《合同法》规定的此类行为属于可撤销的民事行为相比，体现了我国劳动立法对劳动者权益的特殊保护。

2. 关于是否超过仲裁时效的问题。最高人民法院《关于审理劳动争议案件适用法律若干问题的解释（二）》明确规定：因解除或者终止劳动关系产生的争议，用人单位不能证明劳动者收到解除或者终止劳动关系书面通知时间的，劳动者主张权利之日为劳动争议发生之日。本案中，上诉人河南省烟草公司 Z 市公司不能证明劳动者收到解除或者终止劳动关系书面通知时间，劳动者申请仲裁即为主张权利，因此并未超过法定时效，即由于原告举不出向被告送达解除劳动合同书面通知的证据，被告的申请不超过时效。但就李某所请求的解决下岗期间的生活费以及工资问题，其提请仲裁之前，确已超过仲裁时效，故对其反诉请求没有支持。如果对此问题不加区分的全部支持，不利于保护用人单位的合法权益，也体现不出和谐司法的目的。

3. 关于原告是否应支付被告下岗期间生活费问题。法律对此问题虽然没有明确规定，但是劳动和社会保障部等部委《关于加强国有企业下岗职工管理和再就业服务中心建设有关问题的通知》规定："下岗职工的基本生活费标准，应略高于当地失业救济的标准，并按适当比例逐年递减……"故原告应解决职工下岗期间的生活费。

法_{津依据}

劳动和社会保障部等部委《关于加强国有企业下岗职工管理和再就业服务中心建设有关问题的通知》规定："下岗职工的基本生活费标准，应略高于当地失业救济的标准，并按适当比例逐年递减……"

最高人民法院《关于审理劳动争议案件适用法律若干问题的解释（二）》第1条第2项："因解除或者终止劳动关系产生的争议，用人单位不能证明劳动者收到解除或者终止劳动关系书面通知时间的，劳动者主张权利之日为劳动争议发生之日。"

《劳动合同法》第26条："下列劳动合同无效或者部分无效：

（一）以欺诈、胁迫的手段或者乘人之危，使对方在违背真实意思的情况下订立或者变更劳动合同的；

（二）用人单位免除自己的法定责任、排除劳动者权利的；

（三）违反法律、行政法规强制性规定的。

对劳动合同的无效或者部分无效有争议的，由劳动争议仲裁机构或者人民法院确认。"

5 在女职工怀孕期内企业能不能终止劳动合同？

典_{型事例}

几年前小陆与原单位终止劳动合同，后来通过朋友介绍进入本市一家外商投资企业工作。企业与其签订了为期两年的劳动合同，合同期满后双方又续签了一年合同。今年年初，小陆经医院检查已怀孕。四月底，企业以劳动合同期满不为其续签合同为由，通知小陆终止劳动关系。对此，小陆多次与企业交涉未果，她只能向劳动争议仲裁委员会申请仲裁，要求撤销企业与其终止劳动合同的决定。

法 律分析

本案的争议焦点是女职工在怀孕期间，用人单位是否可以劳动合同期满不再与职工续签合同为由，与职工终止劳动合同。

根据国家法律、法规的有关规定，女职工在孕期、产期、哺乳期内的劳动权益是得到法律保护的，用人单位是不得与"三期"内的女职工解除劳动合同的。女职工在孕期、产期、哺乳期内即使劳动合同期满，企业也不得终止其劳动合同，必须延续至哺乳期满。

由此可见，小陆在怀孕期间，用人单位是不能与其终止劳动关系的，劳动合同期限应顺延至"三期"届满为止，即延续至哺乳期满。现在企业与小陆终止劳动合同的这种做法是与《劳动合同法》的规定相违背的。所以，劳动争议仲裁委员会应该依法做出裁决，撤销企业与小陆终止劳动关系的决定，恢复劳动关系，要求企业继续履行劳动合同。

法 律依据

《劳动合同法》第42条："劳动者有下列情形之一的，用人单位不得依照本法第四十条、第四十一条的规定解除劳动合同：

（一）从事接触职业病危害作业的劳动者未进行离岗前职业健康检查，或者疑似职业病病人在诊断或者医学观察期间的；

（二）在本单位患职业病或者因工负伤并被确认丧失或者部分丧失劳动能力的；

（三）患病或者非因工负伤，在规定的医疗期内的；

（四）女职工在孕期、产期、哺乳期的；

（五）在本单位连续工作满十五年，且距法定退休年龄不足五年的；

（六）法律、行政法规规定的其他情形。"

《劳动合同法》第45条："劳动合同期满，有本法第四十二条规定情形之一的，劳动合同应当续延至相应的情形消失时终止。但是，本法第四十二条第二项规定丧失或者部分丧失劳动能力劳动者的劳动合同的终止，按照国家有关工伤保险的规定执行。"

6 谁对劳动合同的签订负有举证责任?

典型事例

王先生是河南郑州人，来沪打拼多年，去年12月他应聘进入一家房产公司，从事销售工作。该公司正好在郑州有房产业务，王先生也有回老家继续发展的想法，双方一拍即合，企业就派王先生到郑州担任房产销售经理。

今年7月，王先生回到上海，向单位提出辞职，双方也办妥了离职手续。这时，王先生向企业提出，因工作期间企业一直未与他签订劳动合同，所以企业应当支付二倍工资。企业却说，之前早已与他签过合同，并已把合同交给了王先生本人，所以不同意其要求。王先生感到不解，自己从没拿到劳动合同，企业怎么会说已经签过了呢? 于是他向劳动争议仲裁委员会提出仲裁申请，要求企业支付未签订劳动合同的二倍工资。

法律分析

从仲裁委员会受理案件情况分析，有关未签合同产生二倍工资的争议并不在少数，其主要原因在于一些单位或企图逃避相应责任，或缺乏基本的法律知识，从而导致单位主动拖延或消极对待劳动合同的签订。而本案争议焦点则在于单位是否已将盖章的劳动合同交给劳动者？假如已交给劳动者，那是否可视为双方已签订过劳动合同？

《劳动争议调解仲裁法》规定，劳动者无法提供由用人单位掌握管理的与仲裁请求有关的证据，仲裁庭可以要求用人单位在指定期限内提供。用人单位在指定期限内不提供的，应当承担不利后果。同时，《劳动合同法》明确规定了赔偿标准，即用人单位自用工之日起超过一个月不满一年未与劳动者订立书面劳动合同的，应当向劳动者每月支付二倍的工资。

用人单位应当对劳动者的劳动合同等人事材料予以留存，并且对签订事实负举证责任。也就是说，企业若未与劳动者签订劳动合同，或者无法证明已和劳动者签订劳动合同，用人单位便须承担相关法律责任。本案中，由于企业自身管理疏忽，导致相关证据的灭失，只能由企业自行承担后果。

值得劳动者和用人单位注意的是，《劳动合同法实施条例》明确了因劳动者责任造成劳动合同无法签订的处理，即自用工之日起一个月内，经用人单位书面通知后，劳动者不与用人单位订立书面劳动合同的，用人单位应当书面通知劳动者终止劳动关系，无须向劳动者支付经济补偿，但是应当依法向劳动者支付其实际工作时间的劳动报酬。可见，法律已经赋予企业相应的权利，如果企业不及时行使自身权利，那么企业仍将承担不签订劳动合同的赔偿责任。

类似的争议案件不断出现，提醒了各用人单位，不仅要对

《劳动合同法》足够重视,对相关法律法规加深认识,还要在人事管理、档案留存等方面加强规范管理。否则,势必造成用人单位在用工成本方面不必要的支出。

法律依据

《劳动争议调解仲裁法》第 39 条第 2 款:"劳动者无法提供由用人单位掌握管理的与仲裁请求有关的证据,仲裁庭可以要求用人单位在指定期限内提供。用人单位在指定期限内不提供的,应当承担不利后果。"

《劳动合同法实施条例》第 5 条:"自用工之日起一个月内,经用人单位书面通知后,劳动者不与用人单位订立书面劳动合同的,用人单位应当书面通知劳动者终止劳动关系,无需向劳动者支付经济补偿,但是应当依法向劳动者支付其实际工作时间的劳动报酬。"

《劳动合同法》第 82 条第 1 款:"用人单位自用工之日起超过一个月不满一年未与劳动者订立书面劳动合同的,应当向劳动者每月支付二倍的工资。"

7 是劳动争议还是民事纠纷?

典型事例

肖先生与某科技公司签订了为期 8 年的劳动合同。双方约定,合同订立后,科技公司向肖先生免费提供两居室住房一套,若肖先生在科技公司工作满 8 年,住房产权归肖先生,否则房屋由科技公司收回。后肖先生工作不满 8 年就辞了职,公司表示同意。但肖先生没有将所住房屋退还,双方因此发生争议。经协商,肖先生与科技公司达成了购房协议，但肖先生一直没有支付房款。科技公司提起诉讼，要求肖先生给付房款并支付解除劳动合同后房屋的租金。

法律分析

对本案应适用的法律有两种不同的意见：第一种意见认为，本案应适用劳动争议予以解决，因为发生争议的房屋是双方当时在劳动合同中约定的，所以，应依据《劳动法》予以处理；第二种意见认为，本案应当按照民事纠纷予以处理，因为房屋买卖协议是在双方劳动合同解除后达成的，所以，应适用民法通则予以解决。那么，本案到底是适用《劳动法》还是《民法通则》呢？

劳动争议，是指用人单位与劳动者因劳动权利义务发生分歧而引起的争议。中华人民共和国境内的企业与职工之间的下列争议属于劳动争议：①因确认劳动关系发生的争议；②因订立、履行、变更、解除和终止劳动合同发生的争议；③因除名、辞退和辞职、离职发生的争议；④因工作时间、休息休假、社会保险、福利、培训以及劳动保护发生的争议；⑤因劳动报酬、工伤医疗费、经济补偿或者赔偿金等发生的争议；⑥法律、法规规定的其他劳动争议。

本案中，双方当事人签订了劳动合同，在合同履行期间，因为肖先生自身原因，劳动合同没有到期，他就提前离开了工作单位。此时，双方对肖先生的辞职、房屋的腾退产生的争议属于劳动争议。但解除劳动合同后，为解决房屋腾退问题，双方当事人达成了购房协议。这一新协议是双方就房屋的价款达成的还款协议，它的标的是房屋的价款，而原劳动合同的标的是劳动关系，两个合同的性质不同。双方签订购房协议是双方的真实意思表示，合法有效，确定了平等主体间的权利义务关系，这也正是民法的调整对象,所以,本案应当依照民法予以处理,而不应适用劳动争议的规定。最终,法院适用《民法通则》处理此案,支持了科技公司的诉讼请求。

法律依据

《劳动争议调解仲裁法》第2条:"中华人民共和国境内的用人单位与劳动者发生的下列劳动争议,适用本法:

(一)因确认劳动关系发生的争议;

(二)因订立、履行、变更、解除和终止劳动合同发生的争议;

(三)因除名、辞退和辞职、离职发生的争议;

(四)因工作时间、休息休假、社会保险、福利、培训以及劳动保护发生的争议;

(五)因劳动报酬、工伤医疗费、经济补偿或者赔偿金等发生的争议;

(六)法律、法规规定的其他劳动争议。"

8 用人单位能否单方规定试用期?

典型事例

张先生于2006年10月到一家咨询公司工作,双方未签订劳动合同,只口头约定张先生2006年的月工资为2600元,2007年的月工资为2800元。但2006年11月和12月,该公司以张先生还处于试用期为由,按照合同有关规定,按月工资2000元的标准为他发放了工资。2007年1月,张先生试用期满,工资调整为每月2800元。2007年9月,张先生因该公司未给他缴纳社会保险提出辞职,并要求该公司补齐拖欠他的2006年11月、12月的工资差额 1200 元。该公司认为，公司的人事制度第 5 条规定："初次入职员工的试用期为 3 个月，试用期的月工资为 2000 元"，因此不存在拖欠张先生工资的情况。

法津分析▏

这起争议的焦点在于，双方是否约定了试用期？劳动报酬问题是以公司的制度规定为准，还是以双方的口头约定为准？

1. 在双方是否存在试用期的问题上，《劳动部办公厅对〈关于劳动用工管理有关问题的请示〉的复函》（劳办发［1996］5 号）对试用期作了如下的定义："试用期是用人单位和劳动者建立劳动关系后为相互了解、选择而约定的不超过六个月的考察期。"根据《劳动法》的规定，劳动合同可以约定试用期，试用期最长不得超过 6 个月。《劳动合同法》对试用期期限有了更为具体的规定：劳动合同期限 3 个月以上不满 1 年的，试用期不得超过 1 个月；劳动合同期限 1 年以上不满 3 年的，试用期不得超过 2 个月；3 年以上固定期限和无固定期限的劳动合同，试用期不得超过 6 个月。由此可见，试用期条款是约定条款，包含在劳动合同的期限内，必须由双方当事人依法充分协商，取得一致才能成立。任何一方都不得把自己的意志强加给另一方。本案中，双方未签订劳动合同，公司在没有明确的劳动合同期限约定的情况下，以规章制度的形式强迫张先生接受 3 个月试用期的规定，由于该规章制度不具有法律效力，故不能作为认定双方存在试用期的依据。

2. 关于劳动报酬问题，在工资约定不明的情况下，工资数额可由用人单位与劳动者协商确定。协商不成的，适用集体合同规定。没有集体合同或者集体合同未规定劳动报酬的，应当实行同工同酬。本案不存在工资约定不明的情况，双方已口头约定月工资为 2600 元，故被告应按月工资 2600 元补足欠付工资的差额部分。

法 律依据

《劳动部办公厅对〈关于劳动用工管理有关问题的请示〉的复函》（劳办发［1996］5号）："试用期是用人单位和劳动者建立劳动关系后为相互了解、选择而约定的不超过六个月的考察期。"

《劳动法》第21条："劳动合同可以约定试用期。试用期最长不得超过六个月。"

《劳动合同法》：第19条"劳动合同期限三个月以上不满一年的，试用期不得超过一个月；劳动合同期限一年以上不满三年的，试用期不得超过二个月；三年以上固定期限和无固定期限的劳动合同，试用期不得超过六个月。

同一用人单位与同一劳动者只能约定一次试用期。

以完成一定工作任务为期限的劳动合同或者劳动合同期限不满三个月的，不得约定试用期。

试用期包含在劳动合同期限内。劳动合同仅约定试用期的，试用期不成立，该期限为劳动合同期限。"

9 原劳动关系未终止，新劳动合同能否生效？

典 型事例

原告江西省婺源县某民办中学于2002年7月20日与被告江某（同县另一中学教师）签订了《聘任协议书》，约定：自2002年9月1日起至2011年8月31日止，被告江某到原告方担任某学科骨干教师，享受四级十二类教师待遇，年总收入不低于22000元；同时约定：从被告受聘之日起，合同期内由原告每年于9月10日前支付被告学科骨干津贴15000元，9年共计135000元；还约定：

聘任协议有效期内，如被告单方终止协议，必须赔偿原告违约金30000 元。协议签订后，被告当年未能实际履行，仍在原校任教。后经协商，双方将协议的履行开始期限推迟一年，即变更为 2003年 9 月 1 日至 2012 年 8 月 31 日为双方履行权利义务期。协议变更后，被告仍未能履行。原告向该县劳动争议仲裁委员会申请仲裁，该委员会于 2003 年 9 月 22 日作出不予受理的决定。之后，原告向法院提起诉讼，请求判令被告江某按协议约定支付违约金30000 元并承担诉讼费用。

法津分析

《劳动法》规定，劳动者享有平等就业和选择职业的权利。这充分体现了"中华人民共和国公民有劳动的权利和义务"的宪法精神。签订劳动合同和基于劳动合同使"劳动者"和"用人单位"形成劳动关系，劳动者通过自己主观付出（体力、脑力、技能等）从用人单位获得报酬，这是公民劳动权利和义务的客观体现。本案的劳动合同纠纷涉及原、被告如何正确行使权利和承担义务的问题。

1. 被告订立劳动合同主体不适格。被告江某是大中专毕业生就业制度改革前由教育行政部门按计划直接分配到中学任教的事业在编人员，其与原用人单位的劳动关系不是依合同而建立，而是建立在教育行政部门的人事行政管理权之中。根据劳动部办公厅 1994 年 9 月 5 日《关于〈劳动法〉若干条文的说明》第 2 条第4 款的规定，劳动法的劳动者的适用范围，包括三个方面：国家机关、事业组织、社会团体的工勤人员；实行企业化管理的事业组织非工勤人员；其他通过劳动合同与国家机关、事业单位、社会团体建立劳动关系的劳动者。本案被告显然不属于劳动法中所指的劳动者，不属劳动法调整的对象。被告重新选择职业（改变劳动关系），且以个人名义直接与原告签订劳动合同的行为，因未履行相关的行政管理手续，是未经"行政许可"而为的行为，所以，被告不是签订该劳动合同的适格主体。

2. 原告管理权行使失当导致民事行为无效。本案原告是依法成立的公益性事业法人，本应是与被告签订劳动合同的适格主体，但由于原告在与被告签订劳动合同时，未按照劳动行政部门、教育行政部门的有关规定正确行使法人依法享有的行政管理权，没有依照有关劳动法规和教育行政管理的规范化文件对被告的身份和服务关系进行严格审查，以致劳动合同签订后，由于行政的、法律法规的因素不能履行协议。被告是"准行政化管理"的非自由关系人，原告忽略了这一基本事实，所订立的劳动合同必然与法律法规、行政管理规定相冲突，协议不能履行当在其中。

本案的合同欠缺一定生效要件而使之当然不发生效力，即该合同绝对无效，自始无效。本案合同存在导致合同绝对无效的两个主要原因：一是，合同标的不能确定，被告能否到原告单位从事服务，原告无决定权，被告也不可自行决定；二是，合同标的不能直接实现，原告要与被告通过合同形成劳动关系，被告要想通过合同改变原"劳动关系"，都不是原、被告各自行为可直接实现的。

综上所述，劳动者要重新择业，必须先依法终止原劳动关系；用人单位聘用劳动者，必须先查验应聘人的原劳动关系是否依法解除；非自由择业者重新择业，还需依法依规办理相关人事行政管理手续，得到"行政许可"后，才可另行择业。

法 律依据

劳动部办公厅《关于〈劳动法〉若干条文的说明》第2条第4款："劳动法的劳动者的适用范围，包括三个方面：国家机关、事业组织、社会团体的工勤人员；实行企业化管理的事业组织的非工勤人员；其他通过劳动合同与国家机关、事业单位、社会团体建立劳动关系的劳动者。"

《劳动法》第 3 条第 1 款："劳动者享有平等就业和选择职业的权利、取得劳动报酬的权利、休息休假的权利、获得劳动安全卫生保护的权利、接受职业技能培训的权利、享受社会保险和福利的权利、提请劳动争议处理的权利以及法律规定的其他劳动权利。"

10 用人单位单方续订劳动合同是否有效？

典型事例

某化工厂于 1998 年 3 月 21 日与杨某签订了为期 6 年的劳动合同。2004 年 3 月 21 日合同期满后，杨某向厂里提出办理终止劳动合同关系手续时，该厂领导说，厂里已决定与其续订合同两年，拒绝为杨某办理终止劳动合同的有关手续。经杨某一再坚持，该厂以临时没有合适的人选来接替杨某的工作，如果此时解除与杨某的劳动合同，会为厂里的生产带来损失为由，提出至少续订劳动合同一年，否则，不予办理任何手续，如果杨某刻意不从，就按自动离职处理。杨某为此向当地劳动争议仲裁委员会提出申诉，请求该厂为其办理解除劳动合同的手续，维护其合法权利。

法律分析

这是一起因未与职工协商一致，企业就单方续订劳动合同，拒绝为职工办理终止劳动合同关系的有关手续而引发的劳动争议案件。在这起案件中，企业的做法明显违反了《劳动法》关于订立和终止劳动合同的有关规定。

1. 企业违反了订立劳动合同的法律原则。依据《劳动法》的规定,订立和变更劳动合同,应当遵循平等自愿、协商一致的原则,不得违反法律、行政法规的规定。劳动合同期满后,双方如果同意续订合同,应当平等自愿地进行协商。一方不愿续订劳动合同的,另一方不得强迫与其续订劳动合同。本案中,杨某与该化工厂所签 6 年劳动合同期满后,杨某已明确表示不再续订合同,而且提出办理终止劳动合同的手续,而该化工厂不予办理,称厂里已决定与杨某续订两年的劳动合同。很明显,该化工厂与杨某续订两年的劳动合同是在没有征得杨某同意,即没有经自愿协商一致的情况下单方签订的,因此属于违反法律法规的劳动合同,而违反法律、法规的劳动合同是无效的。另外,《劳动法》还规定,无效的劳动合同从订立时起,就不具有法律约束力。因此,本案化工厂单方续订劳动合同对杨某来说是不起作用的,杨某可以拒绝履行该合同所规定的义务。

2. 企业违反了劳动合同终止的法律规定。《劳动法》明确规定,劳动合同期满或者当事人约定的劳动合同终止条件出现,劳动合同即终止。劳动合同期满,这在法律上意味着劳动关系双方当事人确定的劳动关系结束,它通过终止劳动合同并办理有关手续来加以确定。对于已经期限届满的劳动合同,作为劳动关系一方的用人单位必须依法为劳动者办理终止劳动合同的有关手续,这是用人单位的义务,不得以种种理由不予办理;拖延不予办理终止劳动合同手续,构成了对劳动者权益的侵犯,如果造成损失,用人单位应承担赔偿责任。该化工厂单方与杨某续订的劳动合同无效,必须依法办理与杨某终止原劳动合同的手续。因此,仲裁委员会应该支持杨某的申诉请求。

法律依据

《劳动法》第 17 条:"订立和变更劳动合同,应当遵循平等自愿、协商一致的原则，不得违反法律、行政法规的规定。

劳动合同依法订立即具有法律约束力，当事人必须履行劳动合同规定的义务。"

《劳动法》第23条："劳动合同期满或者当事人约定的劳动合同终止条件出现，劳动合同即行终止。"

11 劳动合同被非法解除，如何寻求救济？

典型事例

姚某于2003年8月6日被本市一公司聘用，经3个月试用合格，转为正式工。2004年5月，姚某怀孕。7月10日，公司以孕妇不能正常从事工作为由，解除了与姚某的劳动合同。11月1日，姚某向法院起诉，法院裁定不予受理。姚某生完孩子后，于2005年8月8日向劳动争议仲裁委员会申请仲裁，再次要求确认公司解除劳动合同行为无效，仲裁委员会查明事实后，裁决驳回姚某的仲裁请求。

法律分析

本案焦点有三个：一是公司解除与姚某的劳动合同是否合法？二是法院为何不受理姚某的起诉？三是劳动争议仲裁委员会为何驳回姚某的仲裁申请？

1. 公司解除与姚某的劳动合同不合法。《劳动合同法》规定用人单位在下列情形下享有单方解约权，主要包括劳动者试用不合格、劳动者违纪违法、劳动者因自身原因不能胜任工作、情势变更、用人单位经营状况恶化等情形。除劳动者试用不合格和违纪违法外，《劳动法》对其他情形的适用又规定了限制条件，即在下列情形下用人单位不得行使单方解约权：劳动者患职业病或因工负伤丧失劳动能力的；劳动者患病或负伤在规定的医疗期内的；女职工在孕期、产期、哺乳期内的；法律、行政法规规定的其他情形。本案中，公司的解约理由是"孕妇不能正常从事工作"，既不符合法定的解除条件，又违反《劳动法》对孕妇的特别保护规定，显然是不合法的。

2. 法院不受理姚某的起诉是因为劳动法关于劳动争议仲裁前置的规定。劳动争议的救济方式具有一定的特殊性。一般争议都是或裁或审，选择仲裁则一裁终局，而劳动争议则必须先经过仲裁，对仲裁裁决不服的，再向法院起诉，即不得直接向法院起诉，且劳动争议仲裁裁决也不是终局裁决。本案中，姚某未先申请仲裁，直接向法院起诉，自然会被法院裁定不予受理。

3. 劳动争议仲裁委员会驳回姚某的仲裁请求是因为该争议已过仲裁时效。根据《劳动争议调解仲裁法》的规定，提出仲裁要求的一方应当自劳动争议发生之日起一年内向劳动争议仲裁委员会提出书面申请。"劳动争议发生之日"是指当事人知道或者应当知道其权利被侵害之日。本案中，劳动争议发生之日为 2004 年 7 月 10 日，而姚某申请仲裁之日为 2005 年 8 月 8 日，早已过一年的仲裁时效，又无法定事由的阻断，所以会被驳回仲裁请求。此点也提醒我们：行使权利必须及时，否则将得不到法律的保护。

法 律依据

《劳动合同法》第 42 条："劳动者有下列情形之一的，用人单位不得依照本法第四十条、第四十一条的规定解除劳动合同：

（一）从事接触职业病危害作业的劳动者未进行离岗前职业健康检查，或者疑似职业病病人在诊断或者医学观察期间的；

（二）在本单位患职业病或者因工负伤并被确认丧失或者部分

丧失劳动能力的；

（三）患病或者非因工负伤，在规定的医疗期内的；

（四）女职工在孕期、产期、哺乳期的；

（五）在本单位连续工作满十五年，且距法定退休年龄不足五年的；

（六）法律、行政法规规定的其他情形。"

《劳动争议调解仲裁法》第27条："劳动争议申请仲裁的时效期间为一年。仲裁时效期间从当事人知道或者应当知道其权利被侵害之日起计算。

前款规定的仲裁时效，因当事人一方向对方当事人主张权利，或者向有关部门请求权利救济，或者对方当事人同意履行义务而中断。从中断时起，仲裁时效期间重新计算。

因不可抗力或者有其他正当理由，当事人不能在本条第一款规定的仲裁时效期间申请仲裁的，仲裁时效中止。从中止时效的原因消除之日起，仲裁时效期间继续计算。

劳动关系存续期间因拖欠劳动报酬发生争议的，劳动者申请仲裁不受本条第一款规定的仲裁时效期间的限制；但是，劳动关系终止的，应当自劳动关系终止之日起一年内提出。"

《劳动争议调解仲裁法》第50条："当事人对本法第四十七条规定以外的其他劳动争议案件的仲裁裁决不服的，可以自收到仲裁裁决书之日起十五日内向人民法院提起诉讼；期满不起诉的，裁决书发生法律效力。"

12 企业可以扣留职工档案吗？

典型事例

李某于1992年进某公司工作，于1997年订立10年期劳动合同，合同中对岗位、工资、合同解除条件、违约金赔偿等均有明确约定。2004年，李某向该公司递交了辞职报告，当日下午李某离开该公司。此后，双方劳动关系已实际解除，但是公司认为李某在合同期内辞职，未提前30日以书面形式通知公司，辞职后又不按合同约定交纳违约金，故迟迟不予办理档案转移手续。李某要求该公司办理档案转移手续不成，遂于2005年向劳动争议仲裁委员会申请仲裁。该仲裁委员会做出仲裁裁决，裁决该公司为李某办妥人事档案转移工作等。该公司向法院起诉，要求支持该公司不予办理档案转移手续。

法律分析

该公司扣留员工档案的做法是错误的。李某向该公司提交辞职报告后，于当日下午离开该公司，双方劳动合同已实际解除。在双方实际解除劳动合同后，原用人单位不能随意扣留员工档案，应按有关规定及时转递。依据《企业职工档案管理工作规定》，企业职工调动、辞职、解除劳动合同或被开除、辞退等，应由职工所在单位在一个月内将其档案转交其新的工作单位或其户口所在地的街道劳动（组织人事）部门。该公司应按《企业职工档案管理工作规定》为李某办理档案转移手续，其以李某单方解除劳动合同手续不合法及李某应承担违约金等为由要求支持其不予办理李某档案转移手续的观点无法律依据。李某在合同期内辞职，未提前30日以书面形式通知公司，李某的做法也是违反劳动合同法规定的，如果李某的行为给公司造成了损失，公司可以要求其承担赔偿责任，但是该劳动争议可通过劳动争议的一般解决途径处理，某公司不能拒绝为李某办理档案转移手续。

可见，不管劳动者以哪种方式离开用人单位，用人单位均应及时将其个人档案转出，其以双方争议未解决为由扣押个人档案的做法是错误的。现实生活中，用人单位在解除或终止与职工的劳动关系后，以种种理由扣留职工档案的现象较为普遍。应该说，许多用人单位也有他们的苦衷，有的员工给用人单位造成损失而被辞退或者开除，但员工本人不赔偿损失，用人单位只好把档案扣着；有的员工在离开时不退住房、不交纳违约金；有的员工和单位签订了在职培训协议，但提前离职，却不愿意向单位退培训费等。于是有的单位想约束员工，就把档案扣留着，只有员工交纳了违约金，单位才把档案关系转走。但用人单位通过扣留档案的手段来制裁职工是一种违法行为，企业无权以任何理由扣留已离职员工的档案。

法律依据

《企业职工档案管理工作规定》第18条："企业职工调动、辞职、解除劳动合同或被开除、辞退等，应由职工所在单位在一个月内将其档案转交其新的工作单位或其户口所在地的街道劳动（组织人事）部门。"

《劳动合同法》第50条第1款："用人单位应当在解除或者终止劳动合同时出具解除或者终止劳动合同的证明，并在十五日内为劳动者办理档案和社会保险关系转移手续。"

《劳动合同法》第84条："用人单位违反本法规定，扣押劳动者居民身份证等证件的，由劳动行政部门责令限期退还劳动者本人，并依照有关法律规定给予处罚。

用人单位违反本法规定，以担保或者其他名义向劳动者收取财物的，由劳动行政部门责令限期退还劳动者本人，并以每人五百元以上二千元以下的标准处以罚款；给劳动者造成损害的，应当承担赔偿责任。

劳动者依法解除或者终止劳动合同，用人单位扣押劳动者档案或者其他物品的，依照前款规定处罚。"

13 招用未解除劳动合同的职工违法吗？

典型事例

1992 年 8 月，水泥厂与李某签订了为期 8 年的劳动合同。1995 年 1 月，水泥厂拟进口新的生产设备，打算派李某等 3 人出国培训。在和李某协商并达成一致的基础上，双方就原劳动合同进行了修改。修改后的合同规定：合同有效期为 15 年，李某无正当理由提前解除劳动合同时，应赔偿水泥厂支付的全部出国培训费用及因此造成的其他一切损失。

合同签订后，李某等人于 1995 年 2 月出国培训。1995 年 8 月，李某等人完成培训回厂工作。因为李某在培训期间刻苦钻研、虚心好学，全面掌握了新设备、新技术的操作技巧，回厂后被任命为副厂长，主管全厂的生产工作。在外方技术人员和李某等人的努力下，新设备于 1995 年 9 月安装调试完毕，开始进入试产阶段。就在试产的关键阶段，李某却于 10 月 6 日提交了一份辞职报告，第二天开始即不到厂工作。经厂方多方寻找，直到 12 月初才得知李某已就任某外资企业的副总经理。厂方多次与李某联系，要求其回厂工作，李某拒绝回厂。

厂方无奈，要求李某及其所在外企支付李某的出国培训费用 8 万元及李某离职给水泥厂造成的 40 万元损失。李某及其所在外企只答应支付 8 万元培训费用。双方多次协商未果，水泥厂遂于 1996 年 2 月向当地劳动争议仲裁委员会提请仲裁。仲裁委员会裁定：李某及其所在外企向水泥厂支付 8 万元培训费用及 40 万损失赔偿费，双方解除劳动合同。水泥厂对仲裁裁决不服，于是向人民法院提起诉讼。

法 律分析

1. 李某违反合同约定擅自单方解除劳动合同的行为缺乏法律依据。劳动合同有效成立后，当事人双方均应严格履行合同义务。根据有关规定，劳动者单方解除劳动合同的，必须符合法律规定或合同约定的条件。《劳动合同法》规定，劳动者提前 30 日以书面形式通知用人单位，可以解除劳动合同。本案中，李某并未提前 30 天以书面形式通知用人单位解除劳动合同，其单方解除劳动合同的行为是一种违法行为，应承担相应的法律责任。

2. 李某应依法承担赔偿责任。《劳动合同法》第 90 条规定："劳动者违反本法规定解除劳动合同，或者违反劳动合同中约定的保密义务或者竞业限制，给用人单位造成损失的，应当承担赔偿责任。"本案中的李某在出国培训回厂后不久即擅自离职，不仅造成了水泥厂 8 万元培训费用的损失，而且直接造成了水泥厂新设备停产两个半月，损失 40 万元的后果。对此损失，李某应承担赔偿责任。

3. 李某所在外企应承担连带赔偿责任。《劳动合同法》第 91 条规定："用人单位招用与其他用人单位尚未解除或者终止劳动合同的劳动者，给其他用人单位造成损失的，应当承担连带赔偿责任。"李某所在外企在明知李某尚未与水泥厂正式解除劳动合同的情况下，仍招用李某，这是一种违反有关法律规定的行为，应承担连带赔偿责任，即水泥厂既可以要求李某赔偿损失，也可以要求外企赔偿损失。

法 律依据

《劳动合同法》第 90 条："劳动者违反本法规定解除劳动合

同，或者违反劳动合同中约定的保密义务或者竞业限制，给用人单位造成损失的，应当承担赔偿责任。"

《劳动合同法》第 91 条："用人单位招用与其他用人单位尚未解除或者终止劳动合同的劳动者，给其他用人单位造成损失的，应当承担连带赔偿责任。"

14 患病医疗期内能不能解除劳动合同?

典型事例

某食品公司系一家中外合资企业，职工田某是该公司饼干车间的操作工，1993 年 10 月被该公司招录为劳动合同制工人并签订了 3 年期限的劳动合同。1994 年 12 月，公司组织职工到医院进行体检，田某被查出患有乙型肝炎。公司认为，国家卫生部门明文规定，患有传染性疾病的人员，不能从事食品行业工作，田某患有肝炎，属于传染性疾病，因而公司决定与田某解除劳动合同。田某对此不服，向劳动争议仲裁委员会提出申诉，要求公司继续履行劳动合同，并按照劳动合同规定享受医疗期待遇。

法律分析

在合同期内，田某的权利是受法律保护的。双方签订的劳动合同约定，"乙方患病或非因工负伤可根据工龄长短享受医疗期，本企业工龄不满 3 年的给予 3 个月的医疗期"，据此，公司应按照劳动合同规定履行义务，给予职工 3 个月的医疗期。在医疗期未满的情况下，公司解除劳动合同是错误的。

本案反映出有些用人单位对劳动合同的性质缺乏应有的认识，从而导致其不能正确地履行劳动合同。劳动合同是劳动者与用人单位确定劳动关系、明确双方的权利和义务的协议，该企业在田某患病医疗期内提出与其解除劳动合同，错误至少有：

1. 在田某患病后，企业没有给予其医疗期，侵害了职工的合法权益。既然劳动合同是明确双方权利和义务的协议，那么劳动合同中规定的权利就应该享受，规定的义务就应该履行。企业与田某签订的劳动合同已明确规定"乙方因患病或非因工负伤可以享受医疗期"，这一规定就是职工的权利。换言之，给予患病职工医疗期就是企业的义务。在田某患病后，企业没有给予其医疗期，在客观上造成了对田某利益的侵害。

2. 企业以田某患传染病，不适宜在食品行业工作为由，与其解除劳动合同是单方面解除劳动关系，属于违法行为。企业与田某经协商签订了劳动合同，标志着双方依法建立了劳动关系。这种劳动关系的维系是受法律保护的，它的变更、解除、终止要受《劳动合同法》的约束，即企业要与田某解除劳动合同必须符合《劳动合同法》规定的条件或劳动合同约定的条件。根据《劳动合同法》的规定，劳动者患病或非因工负伤，医疗期满后，不能从事原工作也不能从事用人单位另行安排的工作的，企业才可以与其解除劳动合同。食品公司在不具备法定条件，也不具备劳动合同约定条件的情形下，单方解除与田某的劳动关系是有悖于《劳动合同法》的。

法律依据

《劳动合同法》第42条："劳动者有下列情形之一的，用人单位不得依照本法第四十条、第四十一条的规定解除劳动合同：

（一）从事接触职业病危害作业的劳动者未进行离岗前职业健康检查，或者疑似职业病病人在诊断或者医学观察期间的；

（二）在本单位患职业病或者因工负伤并被确认丧失或者部分

丧失劳动能力的；

　　（三）患病或者非因工负伤，在规定的医疗期内的；

　　（四）女职工在孕期、产期、哺乳期的；

　　（五）在本单位连续工作满十五年，且距法定退休年龄不足五年的；

　　（六）法律、行政法规规定的其他情形。"

15　违反"任内不得结婚"合同规定，企业能炒我吗？

典型事例

　　1998 年 2 月，张某经某宾馆考核合格被招为服务员，并与宾馆签订了为期 3 年的劳动合同。合同约定："鉴于宾馆服务行业本身的特殊要求，凡是在宾馆工作的女性服务员，合同期内不得结婚。否则，企业有权解除劳动合同。"张某当时对这一规定没有太注意，就签了字。1999 年 3 月，张某与其男友结了婚，不久怀孕。宾馆得知后，以张某违反合同为由，于 1999 年 8 月解除了与张某的劳动合同，并没收了张某签订合同时交纳的抵押金 3000 元，张某不服，向当地劳动争议仲裁委员会申请仲裁。

法律分析

　　婚姻自由是宪法赋予公民的基本权利，男女双方只要符合法律的规定，完全出于自愿，就有权结婚，任何组织和个人都不得干涉公民的结婚自由，否则将受到行政处分或法律制裁。某宾馆以"合同期内不得结婚"约束张某，实质是对张某婚姻自由权的干涉和侵犯，是违法条款。因为该条款没有法律效力，故对合同双方没有法律约束力，张某没有违反劳动合同。

　　订立劳动合同应遵循当事人双方平等自愿、协商一致的原则，一方不得给另一方强加不平等条款。劳动者处于弱小地位，用人单位借签订劳动合同之机给劳动者强加不平等条款，实质上是侵犯劳动者权利的行为。在该案例中，某宾馆向张某收取合同抵押金，违背了劳动合同法中企业不得要求劳动者提供担保或者以其他名义向劳动者收取财物的规定。某宾馆以张某违反合同为由没收其抵押金，也侵犯了张某的合法权益。

综上所述，某宾馆以一个本身无效的合同条款为由解除与张某的劳动合同，其理由是不成立的，应依法继续履行合同。

法律依据

《婚姻法》第2条："实行婚姻自由、一夫一妻、男女平等的婚姻制度。"

《劳动合同法》第26条："下列劳动合同无效或者部分无效：

（一）以欺诈、胁迫的手段或者乘人之危，使对方在违背真实意思的情况下订立或者变更劳动合同的；

（二）用人单位免除自己的法定责任、排除劳动者权利的；

（三）违反法律、行政法规强制性规定的。

对劳动合同的无效或者部分无效有争议的，由劳动争议仲裁机构或者人民法院确认。"

16 私自请人代班按旷工被除名合法吗？

典型事例

申诉人王某、李某等4名女工，1973年9月被当时的某市制冷设备厂招收为集体固定工；1991年，该制冷设备厂改组成某市国有企业，由该市机械工业总公司控股经营，申诉人亦同时转制成全民合同制职工，签订了为期10年的劳动合同。1994年5月开始，申诉人因单位实行生产定额包干的计件工资制，生产任务严重不足，又在同一车间同一班组上班，集体商议4人每人每天出5块钱从当地劳务市场雇请一个民工代替其完成每天的生产定额，4人每月轮换在上下班带民工在车间劳动。当时，被申诉人人员管理混乱、劳动纪律松弛，竟无人过问申诉人私雇民工上班的情况。申诉人则在离被申诉人厂门500米的地方合伙开了一家饮食店和服装店，每月每人纯收入2000余元。1995年8月，被申诉人法定代表人更换，新上任的公司总经理赵某到任即首先整顿劳动纪律和生产秩序，全面推行劳动用工制度改革。1995年11月10日，赵某得知申诉人在雇请外地农民并私自带入公司车间代班，自己却在公司大门外从事个体经营时，遂指示公司劳动人事处向申诉人发出书面通知：限4人在7日内到公司重新报到上岗，停止个体经营，否则公司将对其作除名处理；同时，公司将申诉人私自雇请的民工退回。但4人认为公司领导是新官上任三把火，仍旧不当回事。同年12月7日，公司以申诉人未经公司领导批准，擅自离开工作岗位，私自雇请民工代替工作，经公司两次书面通知仍然不知悔改，置公司劳动纪律和规章制度于不顾，连续旷工超过15天，严重违反厂规厂纪为由，对申诉人予以除名，解除劳动合同。王某、李某等4名女工不服公司的处理决定，于是向劳动争议仲裁委员会申请仲裁。

法津分析

劳动合同是劳动者与用人单位确立劳动关系、明确双方权利和义务的协议，它既含有债的经济因素，又含有身份的社会要素，带有准身份合同的色彩，强调劳动者亲自履行自己合同上的义务，不得将义务随意转让给第三人代为履行。因为，劳动合同并非完全为提供劳动所充塞，尚含有用人单位对劳动者个人人格、技能和资历等方面的依赖，所以，在劳动合同履行过程中，劳动者非经用人单位的事先同意，不得转由第三人代替劳动，否则，劳动者仍将被视为未履行劳动义务，构成劳动法上的无正当理由旷工，即便第三人所为的替代劳动在数量、质量、时间、地点和方式上都与用人单位劳动者的工作质量完全相同，甚至更好。《劳动合同法》第3条第2款规定："依法订立的劳动合同具有约束力，用人单位与劳动者应当履行劳动合同约定的义务。"我国《民法通则》规定，合同一方将合同的权利、义务全部或部分转让给第三人的，应当取得合同另一方的同意。本案中的4名申诉人未经用人单位的同意，将其劳动义务转让于第三人即私自雇请的民工，自己擅自离岗，在用人单位两次书面通知后仍不拒绝改正，且连续旷工15天以上，对其依法做出除名和解除劳动合同处理，事实清楚，适用法律正确，应当依法维护。

法 律依据

《劳动合同法》第3条："订立劳动合同，应当遵循合法、公平、平等自愿、协商一致、诚实信用的原则。

依法订立的劳动合同具有约束力，用人单位与劳动者应当履行劳动合同约定的义务。"

《民法通则》第91条："合同一方将合同的权利、义务全部或部分转让给第三人的，应当取得合同另一方的同意，并不得牟利。依照法律规定应当由国家批准的合同，需经原批准机关批准。但是，法律另有规定或者原合同另有约定的除外。"

17 合同期满，企业不办终止手续能不能视为形成事实劳动关系？

典型事例

徐某 1994 年 6 月 8 日与某五金工具厂签订了 5 年期限的劳动合同，该厂收取了徐某 1000 元入厂风险抵押金。1999 年 6 月 8 日合同期满后，徐某明确表示不愿续签劳动合同，要求企业办理终止劳动关系手续，并退还 1000 元风险抵押金。该厂由于缺少人员，迟迟不予办理终止劳动合同手续，并声称只有到 6 月底才能退 1000 元。徐某只好等到 6 月底，再次要求该厂办理终止劳动合同手续，并退还 1000 元风险抵押金。可是，该厂声称终止合同日期已过，现已形成事实劳动关系，提出徐某应按原合同履行义务，并不退还收取的 1000 元风险抵押金。为此，徐某向当地劳动争议仲裁机构提出申诉，请求该厂办理终止劳动合同手续，并退还 1000 元风险抵押金。

法律分析

这起因终止劳动合同发生的争议，企业的做法显然是违法的。企业违法之处主要有三个方面。

1. 劳动合同期满后不办理终止劳动合同手续违反法律规定。《劳动法》规定，劳动合同期满或者当事人约定的劳动合同终止条件出现，劳动合同即行终止。如果一方当事人需要续订合同时，应当遵循平等自愿、协商一致的原则，相互协商确定。当另一方当事人明确表示不再续订劳动合同时，应立即办理终止劳动合同的有关手续，任何拖延不办或采用欺骗、强制等手段要求对方续订合同，都是非法的，所订合同也是无效的。本案中，徐某在劳动合同期满后明确表示不愿续订合同，要求办理终止合同手续，该厂故意拖延，迟迟不予办理，是违反法律规定的。

2. 该工具厂故意拖延不办理劳动合同终止手续，在合同期满后不能视为形成事实劳动关系。所谓事实劳动关系是指双方当事人未按法定要求签订劳动合同，但双方都承认劳动关系存在，并相互享有权利和义务。而本案中，该工具厂在徐某明确表示不续订合同后，故意拖延不办理终止合同手续，双方延续的一段时间的劳动关系，是因为该厂称到 6 月底才肯退还 1000 元押金，并非劳动者自愿，职工徐某不承认。退一步讲，即使事实劳动关系存在，企业一方也无权要求徐某按前一个劳动合同履行义务。因此，该工具厂以形成事实劳动关系为理由，不办理徐某终止劳动合同手续是违反法律规定的，其理由是不能成立的。

3. 该工具厂签订劳动合同时收取风险抵押金的行为是违法的，终止劳动关系时不予退还更是错误的。《劳动合同法》规定，订立和变更劳动合同，应遵循平等自愿、协商一致的原则；用人单位在与劳动者订立劳动合同时，不得以任何形式向劳动者收取定金、保证金（物）或抵押金（物）。本案中，该工具厂不仅违法收取了徐某的入厂抵押金 1000 元，而且以不退还来强迫徐某续订劳动合同，其侵犯职工合法权益情节严重，应当依法予以纠正。

法律依据

《劳动法》第 23 条："劳动合同期满或者当事人约定的劳动合同终止条件出现，劳动合同即行终止。"

《劳动合同法》第 3 条第 1 款："订立劳动合同，应当遵循合法、公平、平等自愿、协商一致、诚实信用的原则。"

《劳动合同法》第 9 条："用人单位招用劳动者，不得扣押劳动者的居民身份证和其他证件，不得要求劳动者提供担保或者以其他名义向劳动者收取财物。"

《劳动合同法》第 50 条第 1 款："用人单位应当在解除或者终止劳动合同时出具解除或者终止劳动合同的证明，并在十五日内为劳动者办理档案和社会保险关系转移手续。"

18 因健康原因可以协商变更劳动合同吗？

典 型事例

吴某与棉纺厂签订为期 5 年的劳动合同，岗位为车工。车工是一项劳动强度比较大的工作，作为一名女工，吴某开始尚能适应该工作，后来实行各车间承包制度，工作任务比较繁重，这时，吴某又被诊断患有肾结石、积水等病症。吴某认为自己身体素质下降，故提出申请，要求变更与棉纺厂的劳动合同，调换岗位，但未被批准。于是吴某向劳动争议仲裁委员会申请仲裁，请求变更劳动岗位。吴某的请求能得到劳动争议仲裁委员会的支持吗？

法 律分析

在合同履行过程中，劳动者随着年龄的变化，身体素质会逐渐下降。为了便于劳动者积极地、保质保量地完成工作任务，劳动者向用人单位提出变更部分合同条款、调换工作岗位的要求是非常合理的，这也符合情势变更原则，即不可归责于双方当事人的原因，使债的形成所依赖的客观情况发生了当事人不能预料的变化致使原债的关系显失公平时，双方应变更债的内容，重新协调双方利益，达到新的平衡。

吴某在订立劳动合同时身体状况良好，而随着企业生产方式的转变，其具体工作日益繁重，而吴某的身体又被诊断患病，此时其身体状况已不能适应该工作岗位，继续让吴某从事原工种，显失公平。厂方应充分考虑吴某的要求，尽量帮其解决困难。双方如能协商一致，可以顺利变更合同的工种。对于上述争议的产生，企业应承担主要责任。

法律依据

《劳动法》第17条第1款："订立和变更劳动合同，应当遵循平等自愿、协商一致的原则，不得违反法律、行政法规的规定。"

《劳动法》第58条第1款："国家对女职工和未成年工实行特殊劳动保护。"

《劳动法》第59条："禁止安排女职工从事矿山井下、国家规定的第四级体力劳动强度的劳动或其他禁忌从事的劳动。"

《劳动合同法》第40条："有下列情形之一的，用人单位提前三十日以书面形式通知劳动者本人或者额外支付劳动者一个月工资后，可以解除劳动合同：

（一）劳动者患病或者非因工负伤，在规定的医疗期满后不能从事原工作，也不能从事由用人单位另行安排的工作的；

（二）劳动者不能胜任工作，经过培训或者调整工作岗位，仍不能胜任工作的；

（三）劳动合同订立时所依据的客观情况发生重大变化，致使劳动合同无法履行，经用人单位与劳动者协商，未能就变更劳动合同内容达成协议的。"

19 自愿加班能要加班工资吗？

典型事例

周某是某外资公司的职员，与公司签订有一年期的劳动合同，具体从事办公室文员工作。公司确定周某的工作时间为每日 8 小时、每周 40 小时的法定标准工作时间，公司也按标准工时制度支付周某的工资待遇。工作期间，周某努力工作，当日工作任务在 8 小时内未完成的，周某就在下班后自动加班完成当日工作任务。一年以后，周某对公司的工作安排难以承受，就在合同期限届满时表示不再续签劳动合同，但要求公司支付其一年内延长工作时间的加班工资，并出示了一年内延长工作时间的考勤记录。公司对周某不愿续签劳动合同表示遗憾，但认为公司实行的是计时工资制度，并另有规定的加班制度；公司并未安排周某延时加班，周某延长工作时间是个人自愿的行为，公司不能另行支付加班工资，对周某的要求予以拒绝。双方于是发生争议。

法 律分析

本案的争议焦点是：周某为完成工作任务自动延长工作时间，是否可以要求公司支付延时工作的加班工资。《劳动法》第 4 条规定，用人单位应当依法建立和完善规章制度，保障劳动者享有劳动权利和履行劳动义务。该规定表明，企业依法应当对企业内的规章制度予以建立和完善，规章制度的内容包含劳动者权利和义务的规范。根据该条规定，企业自然可以制订与国家法律不相抵触的加班制度，可以规定适当的加班审批程序，对符合加班制度的加班情况支付不低于法定标准的加班工资。企业依法建立的规章制度，应是企业管理和争议处理的依据之一。此外，根据法律的相关规定，我国现行的标准工时制度为每日工作 8 小时、每周工作 40 小时。按照以上标准工时制度计发工资待遇的，是计时工资制度。实行计时工资制度的用人单位，其对加班工资的支付有着明确的规定。《劳动法》第 44 条规定，用人单位根据实际需要安排劳动者在法定标准工作时间以外工作的，应按以下标准支付工资：①安排劳动者在日法定标准工作时间以外延长工作时间的，按照不低于劳动者本人小时工资标准的150%支付工资；②安排劳动者在休息日工作，而又不能安排补休的，按照不低于劳动者本人日或小时工资标准的200%支付工资；③安排劳动者在法定休假节日工作的，按照不低于劳动者本人日或小时工资标准的300%支付工资。以上规定表明，用人单位支付加班工资的前提是"用人单位根据实际需要安排劳动者在法定标准工作时间以外工作"，即由用人单位安排加班的，用人单位才应支付加班工资。如果不是用人单位安排加班，而由劳动者自愿加班的，用人单位依据以上规定可以不支付加班工资。

本案中，公司虽然对周某实行了计时工资制度，但周某平时的延时加班不是由公司安排的，而是周某自愿进行的。另外，公司对企业内加班有规定的加班制度，因此，周某在延时加班时并未履行公司规定的加班审批手续。周某要求公司支付其自愿且未履行手续的延时加班工资缺乏依据。

法律依据

《劳动法》第4条："用人单位应当依法建立和完善规章制度，保障劳动者享有劳动权利和履行劳动义务。"

《劳动法》第44条："有下列情形之一的，用人单位应当按照下列标准支付高于劳动者正常工作时间工资的工资报酬：

（一）安排劳动者延长工作时间的，支付不低于工资的150%的工资报酬；

（二）休息日安排劳动者工作又不能安排补休的，支付不低于工资的200%的工资报酬；

（三）法定休假日安排劳动者工作的，支付不低于工资的300%的工资报酬。"

《劳动合同法》第31条："用人单位应当严格执行劳动定额标准，不得强迫或者变相强迫劳动者加班。用人单位安排加班的，应当按照国家有关规定向劳动者支付加班费。"

20 劳动强度过大可要求缩短工时吗？

典 型事例

宋某系某煤矿井下作业工人，按劳动合同约定，每天工作8个小时，每周工作6天，休息1天。在工作一段时间后，宋某感到劳动强度过大，体力不支，于是向煤矿有关部门要求缩短工作时间，且要求每周休息两天。但宋某的要求遭到拒绝，理由是，别的工人都是这么工作的，宋某不适应是因自己体力不行，而且劳动合同中也明确约定了劳动时间，应按劳动合同执行。

法 律分析

根据法律规定，劳动者如果符合法律规定条件，可以要求执行缩短工作日。缩短工作日又称缩短长度工作日，是指少于标准工作日或标准工作周的劳动者工作时间，也就是每日工作时间少于8小时、每周工作时间少于40小时。缩短工作日是在特殊情况下对标准工作日长度的缩短，并不是对标准工作日的统一缩短。实行缩短工作日主要是为了保护特殊情况下、特殊条件下进行劳动的劳动者的身心健康。

缩短工作日主要适用于在特殊条件下从事劳动和有特殊情况的下列职工：从事矿山井下、高山、有毒有害、特别繁重或过度紧张等作业的劳动者；从事夜班工作的劳动者；哺乳期内的女职工和怀孕的妇女；未成年工。

因此，宋某有权要求实行缩短工作日，，比如按每天工作 6 小时、每周 6 天的标准重新确立劳动时间。胡某可向劳动行政部门反映情况，或向劳动争议仲裁委员会申请仲裁，要求纠正煤矿的错误做法，以保护自己的合法权利。

法 律依据

《国务院关于职工工作时间的规定》第 4 条："在特殊条件下从事劳动和有特殊情况，需要适当缩短工作时间的，按照国家有关规定执行。"

《〈国务院关于职工工作时间的规定〉的实施办法》（劳部发 [1995] 143 号）第 4 条："在特殊条件下从事劳动和有特殊情况，需要在每周工作 40 小时的基础上再适当缩短工作时间的，应在保证完成生产和工作任务的前提下，根据《中华人民共和国劳动法》第 36 条的规定，由企业根据实际情况决定。"

21 招聘广告中的承诺有效吗？

典 型事例

研究生毕业后，小毕进了一家大型的国有企业。听说单位领导有意将自己送往国外培训深造，小毕庆幸自己找到了一个好单位，也觉得自己非常幸运，因此工作中小毕也自觉地加倍努力，经常自觉加班。至于小毕何时能出国深造，领导并没有明确的答复。小毕觉得自己受到了欺骗，工作也不如以前积极了。2000 年 2 月，小毕突然看到某外资企业登出了一则招聘广告，广告中写道："本单位录用的员工将送到国外培训半年至一年"。小毕毅然辞去原来的工作，顺利地进了新单位。加入新单位的小毕对工作充满希望，想通过积极的工作以得到重视，及时得到出国的机会。但是2年过去了，出国培训的事情依然没有动静，也没有听说哪位同事出国培训了。小毕找到单位负责人理论，表示单位应当履行在招聘广告中的承诺。单位负责人当面答应小毕一定会考虑。几天过去后，单位还是没有动静，小毕觉得自己两次出国都没有成功，认为用人单位实在欺人太甚，明明写好的条件单位却没有给予兑现，严重侵犯了自己的合法利益。

法津分析

用人单位没有履行招聘广告中的承诺的行为是否侵犯了小毕的合法利益呢？这个问题主要涉及两个方面：一是招聘广告的性质及效力；二是招聘广告与随后签订的劳动合同的关系。

我国《合同法》规定，当事人订立合同，采取要约、承诺方式。因此要约与承诺是合同订立的必经程序，劳动合同也不例外。现实中，用人单位通过报纸、杂志、新闻媒介等方式发布招聘广告，许多求职者则通过这些广告应聘，对于招聘广告的法律性质需要有清醒的认识。首先要知道什么是要约与要约邀请。要约是希望和他人订立合同的意思表示，该意思表示应当符合以下规定：内容具体确定；表明经受要约人承诺，要约人即受该意思表示的约束。要约邀请是希望他人向自己发出要约的意思表示，要约邀请本身对发出者并不具备法律约束力。要约与要约邀请在表面上具有相似之处，但还是存在巨大的差别：要约是订立合同的必经程序，而要约邀请则不是；要约通常只能向特定的受要约人发出，除非法律有规定，而要约邀请则不受此限制；要约的内容应当包含拟订立合同的主要条款，而要约邀请则不包含；要约的目的是希望和他人订立合同所发出的意思表示，而要约邀请则是希望他人向自己发出要约所作出的意思表示。

根据上述分析，现实中用人单位的招聘广告在性质上只能属于要约邀请，理由在于：首先，要约要求其对象必须是特定的对象，而招聘广告的对象并不是特定的人，而是潜在的不特定的对象；其次，招聘广告没有具备订立合同的主要条款，我国《劳动法》规定劳动合同应当以书面形式订立，并具备 7 项条款，企业的招聘广告一般并不包含上述法律规定的劳动合同的必备条款；最后，招聘广告是指企业承担费用，通过一定的媒介和形式直接将招聘劳动者的信息向不特定的多数人发布的行为。因此，招聘广告本质上与招标公告有非常相似之处，而我国《合同法》对招标广告的性质作了明确的界定。该法规定："寄送的价目表、拍卖公告、招标公告、招股说明书、商业广告等为要约邀请。"招聘广告应当属于要约邀请。通过上述分析，我们可以看出企业发布的招聘广告应当属于要约邀请，而非要约。相比要约具有的法律约束力而言，要约邀请发出后对发出人并不产生法律约束力，发出人没有履行要约邀请内容的义务，因此，用人单位对于招聘广告中的内容并不承担必须履行的义务。

受聘的劳动者如果要使用人单位受招聘广告的约束，最好的办法就是在与单位签订劳动合同时要求将广告的内容写入合同条款中，使之变为合同的内容，这样才具有法律约束力。在这种情况下用人单位就应当受合同约束，如果单位不履行有关约定，受聘者可以要求单位实际履行。

法律依据

《合同法》第 13 条："当事人订立合同，采取要约、承诺方式。"

《合同法》第 14 条："要约是希望和他人订立合同的意思表示，该意思表示应当符合下列规定：

（一）内容具体确定；

（二）表明经受要约人承诺，要约人即受该意思表示约束。"

《合同法》第15条："要约邀请是希望他人向自己发出要约的意思表示。寄送的价目表、拍卖公告、招标公告、招股说明书、商业广告等为要约邀请。

商业广告的内容符合要约规定的，视为要约。"

22 劳动者应聘时应该交押金吗？

典型事例

技校毕业生苏小姐在劳动力市场求职，报名应聘一家稍有规模的某私营电子企业。这家电子公司的老板当场收取每位应聘者600元押金，不交押金者不予录用。苏小姐觉得现在找份工作不容易，就交了600元押金，被某电子公司录用后，双方签订了为期5年的劳动合同。苏小姐上了一个多月班后，拿到了劳动保障部门发送的《职工维权手册》，得知企业收取押金的行为是违反劳动法律法规的，自己的权益受到了侵犯，于是向老板要求退还600元押金。老板宣称押金要到劳动合同期满才能退还苏小姐，如果苏小姐要退还，公司将以试用不合格为由，解除与苏小姐的劳动合同。苏小姐不服，向当地劳动争议仲裁委员会申诉。

法律分析

近年来，由于在劳动力市场上出现了劳动力供大于求的矛盾，劳动者求职就业较为困难。有的用人单位就利用求职人员急于就业的心理，向求职人员收取报名费、培训费、押金、保证金等，并作为能否录用的决定条件来要挟，迫使求职人员向用人单位交纳不合理的费用。我国《宪法》规定，中华人民共和国公民有劳动的权利和义务。《劳动法》规定，劳动者享有平等就业和选择职业的权利。作为用人单位，应当尊重劳动者的劳动就业权利，只要是在招用计划之内，符合本单位用人条件的，就应当录用，不得以其他违反劳动法律法规的附加条件作为否决因素；也不能在录用求职应聘者并与其签订劳动合同后，随意解除与员工的劳动合同，剥夺劳动者的劳动就业权利。

可见，某电子公司收取苏小姐押金并要在履行完劳动合同后才退还，否则以试用不合格为由与苏小姐解除劳动合同的做法是违反劳动法律法规的，当地劳动争议仲裁委员会应该支持苏小姐的申诉请求，依法维护劳动者的合法权益。

本案可以给人们两点启示：一是，劳动者不能因为就业难而屈从于用人单位，任其侵犯自己的权益，而应通过申请劳动争议仲裁，或向劳动监察投诉、举报，依法维护自己的权益；二是，用人单位招聘录用人员，应严格遵守劳动法律法规，防止侵权行为的发生。

法律依据

《宪法》第 42 条第 1 款："中华人民共和国公民有劳动的权利和义务。"

《劳动法》第 3 条第 1 款："劳动者享有平等就业和选择职业的权利、取得劳动报酬的权利、休息休假的权利、获得劳动安全卫生保护的权利、接受职业技能培训的权利、享受社会保险和福利的权利、提请劳动争议处理的权利以及法律规定的其他劳动权利。"

《劳动合同法》第 9 条："用人单位招用劳动者，不得扣押劳动者的居民身份证和其他证件，不得要求劳动者提供担保或者以其他名义向劳动者收取财物。"

23 未签订劳动合同权益受损怎么办？

典型事例

某中外合资企业招工，王某、李某闻讯后前往应聘。当时该企业允诺，每月工资800元，加班另付加班费，该企业免费提供宿舍和午餐。王某等人急于找工作，当时就应聘开始试工，三个月后开始正式工作。然而该企业一直没有兑现原答应的条件，每月只给500元工资，不付加班费，宿舍条件很差，午餐质次价高。王某等人提出异议，该企业经理以王某等人未与该企业签订劳动合同为由加以拒绝。王某等人要求与该企业签订劳动合同，经理又以该企业与员工签订劳动合同的期限已过为由，不与理会。王某等人迫于无奈，遂向当地劳动和社会保障局的劳动保障监察机构举报，请求纠正该企业的错误行为，维护自己的权益。

法津分析

依据《劳动法》的规定，劳动合同是劳动者与用人单位确立劳动关系、明确双方权利和义务的协议。建立劳动关系应当订立劳动合同。《劳动法》中的劳动合同规定是劳动力市场的重要规则，是劳动关系双方当事人的行为规范，落实这些规定，有利于确定双方当事人的劳动权利和义务。在发生劳动争议的情况下，书面劳动合同作为双方当事人权利、义务约定的记载，是及时解决劳动争议的有力佐证，这对维护劳动关系当事人的合法权益，尤其是在现今劳动力市场供大于求的状况下，对维护劳动者的权益尤为重要。

为保证上述法律规定的贯彻实施，《劳动法》第98条规定："用人单位违反本法规定的条件解除劳动合同或者故意拖延不订立劳动合同的，由劳动行政部门责令改正；对劳动者造成损害的，应当承担赔偿责任。"

如果用人单位不与我们签订劳动合同，我们可以主张哪些权利呢？法律规定，用人单位自用工之日起超过一个月不满一年未与劳动者订立书面劳动合同的，应当向劳动者每月支付二倍的工资。法律还规定，用人单位自用工之日起满一年不与劳动者订立书面劳动合同的，视为用人单位与劳动者已订立无固定期限劳动合同。

我们从剖析本案例得到的启示是：劳动者为维护自身利益，切不可忽视劳动合同的签订，遇用人单位拒不签订劳动合同时，要及时向劳动行政部门举报，要求用人单位与我们签订劳动合同，同时可以要求超出一个月不满一年期间的双倍工资。如果是用人单位自用工之日起满一年不与我们订立书面劳动合同的，还可以视为用人单位与我们已订立无固定期限劳动合同。

法律依据

《劳动法》第 16 条规定："劳动合同是劳动者与用人单位确立劳动关系、明确双方权利和义务的协议。建立劳动关系应当订立劳动合同。"

《劳动合同法》第 14 条第 3 款："用人单位自用工之日起满一年不与劳动者订立书面劳动合同的，视为用人单位与劳动者已订立无固定期限劳动合同。"

《劳动合同法》第 82 条第 1 款："用人单位自用工之日起超过一个月不满一年未与劳动者订立书面劳动合同的，应当向劳动者每月支付二倍的工资。"

24 什么情况下可以主张经济补偿金？

典型事例

谢某 2008 年参加工作，为某国有企业劳动合同制工人。今年与该厂签订的劳动合同期满，谢某想要和单位续签合同，但是单位表示不同意续订合同，遂与谢某终止了合同。谢某听说终止劳动合同，劳动者应该得到经济补偿金，遂找到该厂，要求发给经济补偿金。该厂拒绝支付，认为因合同期满而终止劳动合同的合同制工人不应发给经济补偿金。谢某遂向劳动争议仲裁委员会申请仲裁。那么谢某的仲裁申请能够得到劳动仲裁委员会的支持吗？在什么情况下我们可以主张经济补偿金呢？

法律分析

依据《劳动合同法》的规定，在下列情形下劳动者可以主张经济补偿金：

1. 用人单位未按照劳动合同约定提供劳动保护或者劳动条件的，劳动者在提出解除劳动合同时可以向用人单位主张经济补偿金。

2. 用人单位未及时足额支付劳动报酬的，劳动者在提出解除劳动合同时可以向用人单位主张经济补偿金。

3. 用人单位未依法为劳动者缴纳社会保险的，劳动者在提出解除劳动合同时可以向用人单位主张经济补偿金。

4. 用人单位的规章制度违反法律、法规的规定，损害劳动者权益的，劳动者在提出解除劳动合同时可以向用人单位主张经济补偿金。

5. 用人单位以欺诈、胁迫的手段或者乘人之危，使劳动者在违背真实意思的情况下订立或者变更劳动合同，导致劳动合同无效的，劳动者可在离职时向用人单位主张经济补偿金。

6. 用人单位以暴力、威胁或者非法限制人身自由的手段强迫劳动者劳动的，或者用人单位违章指挥、强令冒险作业危及劳动者人身安全的，劳动者可以立即解除劳动合同，并向用人单位主张经济补偿金。

7. 用人单位与劳动者协商一致解除劳动合同的（用人单位提出），劳动者可以向用人单位主张经济补偿金。

8. 劳动者患病或者非因工负伤，在规定的医疗期满后不能从事原工作，也不能从事由用人单位另行安排的工作的，解除劳动合同时劳动者可向用人单位主张经济补偿金。

9. 劳动者不能胜任工作，经过培训或者调整工作岗位，仍不能胜任工作的，解除劳动合同时劳动者可向用人单位主张经济补偿金。

10. 劳动合同订立时所依据的客观情况发生重大变化，致使劳动合同无法履行，经用人单位与劳动者协商，未能就变更劳动合同内容达成协议的，解除劳动合同时劳动者可向用人单位主张经济补偿金。

11. 用人单位依照《企业破产法》的规定进行重整，需要裁减人员 20 人以上或者裁减不足 20 人但占企业职工总数 10% 以上的，用人单位提前 30 日向工会或者全体职工说明情况，听取工会或者职工的意见后，裁减人员方案经向劳动行政部门报告，可以裁减人员的，被裁减的劳动者可以向用人单位主张经济补偿金。

12. 劳动合同期满导致劳动合同终止的，劳动者可向用人单位主张经济补偿金（用人单位维持或者提高合同约定条件续订劳动合同，劳动者不同意续订的，不支付经济补偿金）。

13. 用人单位被依法宣告破产，导致劳动合同终止，劳动者可向用人单位主张经济补偿金。

14. 用人单位被吊销营业执照、责令关闭、撤销或者用人单位决定提前解散，导致劳动合同终止的，劳动者可向用人单位主张经济补偿金。

15. 法律、法规规定的其他情形。

综上所述，劳动合同期满导致劳动合同终止的，劳动者可向用人单位主张经济补偿金（用人单位维持或者提高合同约定条件续订劳动合同，劳动者不同意续订的，不支付经济补偿金）。在本案中，当劳动合同因期限届满而终止时，谢某想要和用人单位续签合同，而单位表示不同意续订合同，遂与谢某终止了合同。在此情形下，谢某可以向单位主张经济补偿金。

法津依据

《劳动合同法》第 46 条："有下列情形之一的，用人单位应当向劳动者支付经济补偿：

（一）劳动者依照本法第三十八条规定解除劳动合同的；

（二）用人单位依照本法第三十六条规定向劳动者提出解除劳动合同并与劳动者协商一致解除劳动合同的；

（三）用人单位依照本法第四十条规定解除劳动合同的；

（四）用人单位依照本法第四十一条第一款规定解除劳动合同的；

（五）除用人单位维持或者提高劳动合同约定条件续订劳动合同，劳动者不同意续订的情形外，依照本法第四十四条第一项规定终止固定期限劳动合同的；

（六）依照本法第四十四条第四项、第五项规定终止劳动合同的；

（七）法律、行政法规规定的其他情形。"

25 劳动合同关系与民法上的雇佣关系的区别？

典型事例

　　小李从四川农村到北京打工，经老乡介绍，在一户人家当保姆。工作前雇主许诺的报酬待遇以及其他方面的条件都不错，小李就同意了这份工作。但是，在雇主家干了2个月后，雇主并未落实原来应允的报酬条件和待遇，还布置按约定不属于她工作范围的工作。小李决定不干了，要求雇主按约定支付劳动报酬。雇主不仅没有给小李工钱，还说她完成不好工作，经常弄坏家里的东西，应从工钱中扣除以作赔偿。双方争执无果，于是小李就向当地劳动争议仲裁委员会申请了仲裁。结果仲裁委驳回了小李的申请。

法律分析

　　1. 我国劳动争议与一般的民事争议处理程序机制是不一样的，所有劳动合同争议都必须经过劳动仲裁部门仲裁，当事人对仲裁裁决不服的，才能到人民法院起诉。同时，劳动合同争议仲裁时效为1年，而一般民事诉讼时效为2年。如果当事人对争议性质判断有误，就可能白白浪费时间、金钱和精力，甚至可能因为错误起诉而导致仲裁时效消灭，从而丧失获得法律救济的权利。就像本案中的小李，没有弄清争议的性质，结果被仲裁委驳回了申请。

　　2. 民法上的雇佣关系和劳动法上的劳动合同关系的含义。民法上的雇佣关系是雇主与劳务提供者之间的一种平等主体之间的交换关系，雇主支付劳务报酬，而被雇佣者承担在确定或者不确定时间内完成双方特定工作的义务，双方不存在行政上的从属关系。

劳动法上的劳动关系则是指用人单位招用劳动者为其成员，劳动者在用人单位的管理下提供有报酬的劳动而产生的权利义务关系。

3. 实践中区分民法上的雇佣关系和劳动法上的劳动合同关系可以从以下几个方面把握：

第一，从用人单位的主体身份来辨识。2006 年最高人民法院《关于审理劳动争议案件适用法律若干问题的解释（二）》第 7 条明确规定，发生在下列当事人之间的纠纷不属于劳动争议：①家庭或者个人与家政服务人员之间的纠纷；②个体工匠与帮工、学徒之间的纠纷；③农村承包经营户与受雇人之间的纠纷。也就是说，家庭、个体工匠、农村承包经营户等不具备劳动法上用人单位的主体资格，他们与雇员之间形成雇佣关系属于民法上的雇佣关系，而非劳动合同关系。

第二，从被雇佣者的主体身份来辨识。根据劳动和社会保障部《关于〈劳动法〉若干条文的说明》、《关于贯彻执行〈中华人民共和国劳动法〉若干问题的意见》对《劳动法》第 2 条 "劳动者" 做出的解释，明确排除了以下几类人员：①公务员和比照公务员制度管理的事业组织和社会团体的工作人员；②农村劳动者（乡镇企业职工和进城务工、经商的农民除外）；③现役军人；④家庭保姆；⑤事业单位、社会团体未建立劳动关系的干部。

《劳动合同法》也进一步明确，国家机关、事业单位、社会团体中除公务员和参照《公务员法》管理的工作人员外，其他与单位签订聘用合同的工作人员都属于劳动合同法调整的劳动者。

在本案中，个人或家庭雇佣家庭保姆从事家务劳动，雇佣方是个人或家庭，不符合《劳动法》规定的用人单位和劳动者条件，不属于《劳动法》调整范围，而应该由《民法通则》或者《合同法》调整。小李应该直接向人民法院提起民事诉讼，来维护自己的合法权益。

法律依据

最高人民法院《关于审理劳动争议案件适用法律若干问题的解释（二）》第7条："下列纠纷不属于劳动争议：

（一）劳动者请求社会保险经办机构发放社会保险金的纠纷；

（二）劳动者与用人单位因住房制度改革产生的公有住房转让纠纷；

（三）劳动者对劳动能力鉴定委员会的伤残等级鉴定结论或者对职业病诊断鉴定委员会的职业病诊断鉴定结论的异议纠纷；

（四）家庭或者个人与家政服务人员之间的纠纷；

（五）个体工匠与帮工、学徒之间的纠纷；

（六）农村承包经营户与受雇人之间的纠纷。"

26 企业强迫职工集资发展生产合法吗？

典型事例

某市水电管理处因近年经济效益差，职工生活困难，为了发展生产，于1996年2月10日做出在职工中筹集资金建设电网的决定，要求职工在3个月内缴纳集资款1万元，超期未缴纳者，每月只发120元生活费，工资余额由企业财务代扣作为集资款，集资款未缴足1万元以前不计息。孙某等16名职工因无力缴纳集资款，从5月份起连续3个月被扣发工资。为此，孙某等向当地劳动争议仲裁委员会提出申诉，请求该水电管理处补发所扣工资。仲裁委员会受案后，经调查情况属实，提出让企业补发所扣孙某等16名职工工资，该企业以集资是经职代会审议通过为理由，不接受仲裁委员会的调解意见。在调解无效的情况下，仲裁委员会做出裁定：该水电管理处在收到裁决书之日起 7 日内补发孙某等 16 人所扣全部工资，并赔偿损失，支付补偿金。

法津分析

企业采取集资的方式发展生产，解决自身经济来源不足问题是可以的，但应由职工自愿参加，不允许强行集资，更不能以扣发职工工资的方式强行集资。依据《劳动法》的规定，工资应当以货币形式按月支付给劳动者本人。不得克扣或者无故拖欠劳动者的工资。劳动部颁发的《工资支付暂行规定》规定，用人单位不得克扣劳动者工资，有下列情况之一的，用人单位可以代扣劳动者工资：①用人单位代扣代缴的个人所得税；②用人单位代扣代缴的应由劳动者负担的各项社会保险费用；③法院判决、裁定中要求代扣的抚养费、赡养费；④法律、法规规定可以从劳动者工资中扣除的其他费用。该水电管理处借集资扣发职工工资显然违反了上述规定。

必须指出，企业在做出这一错误决定和实施违法行为时，采取由职代会审议通过的方法，以求使其违法行为合法化，这更说明企业领导缺乏基本的法律常识。因为职代会只能在法律规定的范围内审议企业的有关重大问题，如果违反法律、法规的规定去审议企业作出的决定是错误和无效的。

法津依据

《劳动合同法》第 30 条："用人单位应当按照劳动合同约定和国家规定，向劳动者及时足额支付劳动报酬。

用人单位拖欠或者未足额支付劳动报酬的，劳动者可以依法向当地人民法院申请支付令,人民法院应当依法发出支付令。"

《劳动法》第 50 条:"工资应当以货币形式按月支付给劳动者本人。不得克扣或者无故拖欠劳动者的工资。"

《工资支付暂行规定》第 15 条:"用人单位不得克扣劳动者工资。有下列情况之一的,用人单位可以代扣劳动者工资:

(1) 用人单位代扣代缴的个人所得税;

(2) 用人单位代扣代缴的应由劳动者负担的各项社会保险费用;

(3) 法院判决、裁定中要求代扣的抚养费、赡养费;

(4) 法律、法规规定可以从劳动者工资中扣除的其他费用。"

27 职工可以拒绝企业合法的加班要求吗?

典型事例

1995 年 6 月,本地区暴雨成灾。因岩棉厂建在山谷中,为防止山洪袭击该厂,决定在厂区外修建一条防洪坝。而此时正值生产旺季,为不影响生产,厂里决定全厂职工都加班加点抢修堤坝。当时,厂里预计加班 15 天,每天加班约 4 小时。据此,厂里向市总工会作了请示,市总工会同意厂里的请求。但是,赵某不服从调度,以必须回家照顾将参加高考的弟弟为借口,拒不加班,厂方于是没有强迫赵某加班。而经厂方调查,赵某并没有真正去照顾其将参加高考的弟弟,而是回去与男友约会、谈恋爱。为此,厂方曾找赵某谈过话,但赵某不承认自己是去约会了。厂方共计安排全厂职工加班 23 天,都按规定发给了加班费和夜餐补助费。由于赵某一次也没加班,厂方鉴于她的工作表现,经研究并征求工会意见,决定扣发赵某半年奖金。那么,赵某可以拒绝企业合法的加班要求吗？

法律分析

这是一起因职工拒绝延长工作时间而引起的争议。

1. 岩棉厂延长工作时间的行为符合有关法律规定，不构成侵害劳动者休息休假权的行为。我国的法律法规对用人单位延长工作时间在多方面作了严格限制，目的在于保障劳动者的休息休假权真正落到实处，但同时也没有排斥用人单位在规定情况下延长工作时间的权利。从本案的情况看，岩棉厂延长工作时间的行为符合有关规定。《劳动法》规定，发生自然灾害、事故或者其他原因，威胁劳动者生命健康和财产安全，需要紧急处理的，延长工作时间不受有关程序、长度的限制。本案中的岩棉厂在暴雨成灾、地处山谷、面临洪水袭击的情况下，决定延长工作时间以修坝防洪，这种行为是正当、合理的。

2. 赵某拒绝延长工作时间的理由不能成立。根据有关规定，劳动者拒绝延长工作时间应具备下列条件之一：①用人单位延长工作时间不符合有关规定，是侵害劳动者休息休假权的行为；②劳动者因自身或家庭有特殊情况不能加班加点，如劳动者患病、家庭成员确需劳动者照顾等。前面的分析已排除了第一种情况。从本案的事实看，赵某也不属于第二种情况。如果赵某确因照顾即将参加高考的弟弟而不能加班加点，可以认为其理由是成立的。但实际上，赵某是借照顾之名行约会之实，这就使她的行为失去了正当理由。因此，岩棉厂对赵某的违纪行为予以处理的决定是正确的。

法律依据

《劳动法》第 41 条："用人单位由于生产经营需要，经与工会和劳动者协商后可以延长工作时间，一般每日不得超过一小时；因特殊原因需要延长工作时间的，在保障劳动者身体健康的条件下延长工作时间每日不得超过三小时，但是每月不得超过三十六小时。"

《劳动法》第42条："有下列情形之一的，延长工作时间不受本法第四十一条规定的限制：

（一）发生自然灾害、事故或者因其他原因，威胁劳动者生命健康和财产安全，需要紧急处理的；

（二）生产设备、交通运输线路、公共设施发生故障，影响生产和公众利益，必须及时抢修的；

（三）法律、行政法规规定的其他情形。"

28 经济补偿金是否应纳税？

典型事例

员工小李与单位因劳动纠纷诉至劳动争议仲裁委员会，经仲裁庭调解并裁决，双方解除了劳动关系，单位一次性支付小李一笔经济补偿金。在执行仲裁裁决中，单位认为一次性经济补偿金属于个人收入所得，单位应依法代扣代缴个人所得税；而小李则认为一次性经济补偿金属于具有法定性质的赔偿金，单位应全额支付，不应再代扣代缴所得税。小李与单位由此产生了争执。那么，对于员工与单位解除劳动关系所获得的一次性经济补偿金，究竟该不该缴纳个人所得税呢？

法津分析

国家税务总局《关于个人因解除劳动合同取得经济补偿金征

收个人所得税问题的通知》规定，对于一次性经济补偿金，应按"工资、薪金所得"项目计征个人所得税。

考虑到个人取得的一次性经济补偿收入数额较大，而且被解聘的人员可能在一段时间内没有固定收入，因此，对于个人取得的一次性经济补偿收入，可视为一次取得数月的工资、薪金收入，允许在一定期限内进行平均。具体平均办法为：以个人取得的一次性经济补偿收入，除以个人在本企业的工作年限数，以其商数作为个人的月工资、薪金收入，按照税法规定计算缴纳个人所得税。个人在本企业的工作年限数按实际工作年限数计算，超过 12 年的按 12 年计算。按照上述方法计算的个人一次性经济补偿收入应缴的个人所得税税款，由支付单位在支付时一次性代扣，并于次月 7 日内缴入国库。

根据上述国家税务总局《关于个人因解除劳动合同取得经济补偿金征收个人所得税问题的通知》的规定，单位支付给小李的一次性经济补偿金收入（包括经济补偿金、生活补助费和其他补助费用），在当地上年职工平均工资 3 倍数额以内的部分，免征个人所得税；超过的部分，应按相关规定，由单位代扣代缴个人所得税。

在此要提醒的是，个人按国家和地方政府规定比例实际缴纳的住房公积金、医疗保险金、基本养老保险金、失业保险基金在计税时应予以扣除。

法 律依据

《国家税务总局关于个人因解除劳动合同取得经济补偿金征收个人所得税问题的通知》第 1 条："对于个人因解除劳动合同而取得一次性经济补偿收入，应按'工资、薪金所得'项目计征个人所得税。"

29 可以用实物代替工资吗?

典型事例

北京市某饮料厂由于产品滞销,经济效益不断下滑,职工每月工资很难保证。于是厂领导决定:每人每月领取20箱本厂生产的饮料进行销售,销售所得作为当月工资,厂里每月就不再发放职工工资了,这样既调动了全体职工的积极性,又能将工厂积压的产品销售出去,厂里也不必再为每月发不出工资而发愁,这可真是一举三得的好办法。于是在2000年6月刘某等30多名职工开始按此办法领取了40箱饮料计两个月工资,但由于销售量不理想,所得销售款并不足以维持每月的日常生活,30多名职工又多次找厂领导反映,希望能按月发放工资,但领导表示企业经济效益差,无力支付职工工资,只能采取这种办法发放工资。不得已,刘某等30多名职工向劳动仲裁委员会提出申诉,要求该厂发放工资并支付赔偿金。

法律分析

劳动者因向用人单位提供了劳动,履行了劳动义务而应享有取得工资的权利,而用人单位也应在劳动者提供劳动后,履行给付劳动报酬的义务。那么什么是支付工资的法定形式?《劳动法》规定,工资应当以货币形式按月支付给劳动者本人,不得克扣或者无故拖欠劳动者的工资。《工资支付暂行规定》更加明确了工资应当以法定货币支付,不得以实物及有价证券替代货币支付。

饮料厂资金周转困难,以实物形式支付职工工资算是无故拖欠工资吗?劳动部《对〈工资支付暂行规定〉有关问题的补充规定》中作了规定,无故拖欠系指企业无正当理由超过规定付薪时间未支付劳动者工资，不包括：企业确因生产经营困难，资金周转受到影响，在征得本单位职工代表大会同意后，暂时延期支付劳动者工资。延期时间最长不得超过一个月。其他情况下拖欠工资均属无故拖欠。饮料厂未依法定程序征求职代会意见，同时也超过了延长期限，自然属无故拖欠工资行为，应承担相应的法律责任。

显然，某饮料厂以产品滞销、资金周转困难为由，用实物替代支付职工工资的做法是违法的。另外职工要求厂里支付赔偿金的法律依据是什么呢？《劳动合同法》规定，劳动行政部门责令用人单位限期支付劳动报酬、加班费或者经济补偿，用人单位逾期不支付的，责令用人单位按应付金额50%以上100%以下的标准向劳动者加付赔偿金。所以厂里职工可以依据法律的规定向厂方要求支付赔偿金。

法律依据

《劳动法》第50条："工资应当以货币形式按月支付给劳动者本人。不得克扣或者无故拖欠劳动者的工资。"

《工资支付暂行规定》第5条："工资应当以法定货币支付。不得以实物及有价证券替代货币支付。"

《劳动合同法》第30条："用人单位应当按照劳动合同约定和国家规定，向劳动者及时足额支付劳动报酬。

用人单位拖欠或者未足额支付劳动报酬的，劳动者可以依法向当地人民法院申请支付令，人民法院应当依法发出支付令。"

《劳动合同法》第85条："用人单位有下列情形之一的，由劳动行政部门责令限期支付劳动报酬、加班费或者经济补偿；劳动报酬低于当地最低工资标准的，应当支付其差额部分；逾期不支付的，责令用人单位按应付金额百分之五十以上百分之一百以下的标准向劳动者加付赔偿金：

（一）未按照劳动合同的约定或者国家规定及时足额支付劳动者劳动报酬的；

（二）低于当地最低工资标准支付劳动者工资的；

（三）安排加班不支付加班费的；

（四）解除或者终止劳动合同，未依照本法规定向劳动者支付经济补偿的。"

30 经济性裁员的法定条件是什么？

典型事例

王某等 26 名职工与某商场签订了劳动合同，在劳动合同履行中，该商场以经营亏损为由，于 2000 年 5 月辞退王某等 26 名职工。王某等人遂向当地劳动保障局的劳动保障监察机构举报，请示纠正该商场的错误行为，维护自己的权益。劳动保障监察机构在接到王某等人的举报后，经多次深入调查取证，查明该商场不具备企业经济性裁减人员的法定条件，又违反了企业经济性裁减人员法定程序，在此前提下，单方解除王某等 26 名职工的劳动合同，属违约行为，并责令该商场限期改正。

法律分析

这是一起因用人单位违反经济性减员法律规定，擅自解除劳动合同的案件。依据《劳动法》的规定，用人单位濒临破产进行法定整顿期间或者生产状况发生严重困难，确需裁减人员的，应当提前 30 日向工会或全体职工说明情况，听取工会或者职工的意见，经向劳动行政部门报告后，可以裁减人员。

　　根据《劳动法》和《劳动合同法》的有关规定，用人单位在裁减人员时应当遵循下列原则。第一，原因法定原则，即用人单位裁减人员必须出于法律规定的原因。用人单位只有以下四种情况才可裁减人员：①依照《企业破产法》规定进行重整的；②生产经营发生严重困难的；③企业转产、重大技术革新或者经营方式调整，经变更劳动合同后，仍需裁减人员的；④其他因劳动合同订立时所依据的客观经济情况发生重大变化，致使劳动合同无法履行的。第二，程序合法原则，这是指用人单位裁减人员时必须经过法律所规定的程序：①提前 30 日向工会或者全体职工说明情况，并提供有关生产经营状况的资料；②提出裁减人员方案，内容包括被裁减人员名单，裁减时间及实施步骤，符合法律、法规规定和集体合同约定的被裁减人员经济补偿办法；③将裁减人员方案征求工会或者全体职工的意见，并对方案进行修改和完善；④向当地劳动行政部门报告裁减人员方案以及工会或者全体职工的意见，并听取劳动行政部门的意见；⑤由用人单位正式公布裁减人员方案，与被裁减人员办理解除劳动合同手续，按照有关规定向被裁减人员本人支付经济补偿金，出具裁减人员证明书。

　　某商场解除王某等 26 名职工劳动合同时不具备上述法定条件，也未履行法定程序，严重违反经济性裁员有关法律规定，侵害了王某等 26 名职工的合法权益。劳动保障监察机构依法对某商场做出责令限期改正的决定是完全正确的。

法律依据

　　《劳动法》第 27 条第 1 款："用人单位濒临破产进行法定整顿期间或者生产状况发生严重困难，确需裁减人员的，应当提前三十日向工会或全体职工说明情况，听取工会或者职工的意见，经向劳动行政部门报告后，可以裁减人员。"

《劳动合同法》第41条："有下列情形之一，需要裁减人员20人以上或者裁减不足二十人但占企业职工总数百分之十以上的，用人单位提前三十日向工会或者全体职工说明情况，听取工会或者职工的意见后，裁减人员方案经向劳动行政部门报告，可以裁减人员：

（一）依照企业破产法规定进行重整的；

（二）生产经营发生严重困难的；

（三）企业转产、重大技术革新或者经营方式调整，经变更劳动合同后，仍需裁减人员的；

（四）其他因劳动合同订立时所依据的客观经济情况发生重大变化，致使劳动合同无法履行的。

裁减人员时，应当优先留用下列人员：

（一）与本单位订立较长期限的固定期限劳动合同的；

（二）与本单位订立无固定期限劳动合同的；

（三）家庭无其他就业人员，有需要扶养的老人或者未成年人的。

用人单位依照本条第一款规定裁减人员，在六个月内重新招用人员的，应当通知被裁减的人员，并在同等条件下优先招用被裁减的人员。"

31 试用期内辞退员工的限制？

典型事例

刘某于2007年10月进入某电子公司，并与公司签订了为期一年的劳动合同。合同约定，刘某在公司的试用期为三个月，如试用期结束刘某通过公司测评转为正式员工后，公司为刘某缴纳社会保险费。刘某在公司工作两个多月，公司通知刘某解除劳动合同。刘某询问辞退原因，公司表示在试用期内辞退员工不需要理由。刘某到劳动仲裁委员会申请仲裁，要求公司继续履行合同并为其补缴社会保险费。

法 津分析

试用期是用人单位和劳动者在建立劳动关系后，为相互了解、选择而约定一定期限的考察期。我国《劳动法》规定，劳动合同可以约定试用期，试用期最长不得超过 6 个月。为避免有些企业滥用试用期，我国《劳动合同法》将试用期按劳动合同期限长短分别做了规定，即劳动合同期限 3 个月以上不满 1 年的，试用期不得超过 1 个月；劳动合同期限 1 年以上不满 3 年的，试用期不得超过 2 个月；3 年以上固定期限和无固定期限的劳动合同，试用期不得超过 6 个月。可见，电子公司与刘某约定的试用期与《劳动合同法》的规定不一致，属于违法行为。

那么，在试用期内，用人单位是否可以随时、无原因地辞退劳动者？回答是否定的。按照《劳动合同法》的有关规定，在试用期内，只有当劳动者具有下述法定情形之一时，用人单位才可以辞退劳动者：①劳动者在试用期间被证明不符合录用条件的；②劳动者严重违反用人单位规章制度的；③劳动者严重失职，营私舞弊，给用人单位造成重大损害的；④劳动者同时与其他用人单位建立劳动关系，对完成本单位的工作任务造成严重影响，或者经用人单位提出，拒不改正的；⑤劳动者以欺诈、胁迫的手段或者乘人之危，使用人单位在违背真实意思的情况下订立劳动合同的；⑥劳动者被依法追究刑事责任的；⑦劳动者患病或者非因工负伤，在规定的医疗期满后不能从事原工作，也不能从事由用人单位另行安排的工作的；⑧劳动者不能胜任工作，经过培训或者调整工作岗位，仍不能胜任工作的。除上述情形外，用人单位不得在试用期内解除劳动合同。

用人单位在试用期内辞退员工，除应具备上述法定辞退劳动者的情形外，还应当向劳动者说明辞退理由。这里的"说明理由"，《劳动合同法》没有规定必须采用书面形式，但为了便于举证，建议用人单位采用书面形式，并且要求劳动者签收。另外，根据《劳动合同法》第40条的规定，对于用人单位依据上述⑦或⑧情形辞退劳动者的，应提前30天以书面形式通知劳动者本人或额外支付劳动者一个月工资。

刘某并不具有上述解除劳动合同的法定情形，公司在试用期内随意解除与刘某的劳动合同是违背《劳动合同法》的相关规定的，刘某应当拿起法律武器维护自己的合法权益。电子公司以刘某在试用期内不给刘某缴纳社会保险费的做法是不对的。因为，试用期是计算在劳动合同期限内的，只要劳动者与用人单位签订劳动合同，用人单位就应该按照规定为劳动者缴纳社会保险费，当然，劳动者也应负担相应费用。

法律依据

《劳动法》第21条："劳动合同可以约定试用期。试用期最长不得超过六个月。"

《劳动合同法》第19条："劳动合同期限三个月以上不满一年的，试用期不得超过一个月；劳动合同期限一年以上不满三年的，试用期不得超过二个月；三年以上固定期限和无固定期限的劳动合同，试用期不得超过六个月。

同一用人单位与同一劳动者只能约定一次试用期。

以完成一定工作任务为期限的劳动合同或者劳动合同期限不

满三个月的，不得约定试用期。

试用期包含在劳动合同期限内。劳动合同仅约定试用期的，试用期不成立，该期限为劳动合同期限。"

《劳动合同法》第 21 条："在试用期中，除劳动者有本法第三十九条和第四十条第一项、第二项规定的情形外，用人单位不得解除劳动合同。用人单位在试用期解除劳动合同的，应当向劳动者说明理由。"

32 男职工调离企业，妻子也必须调走吗？

典型事例

1995 年，化工厂分别与赵某、刘某订立了无固定期限的劳动合同，赵某是厂里的技术科长，妻子刘某是厂里的一名普通工人。1996 年 10 月，赵某为了调离化工厂，向厂方提出了辞职，要求与化工厂解除劳动合同。厂方根据厂规章制度第 57 条"凡本厂双职工，男职工调走时，妻子必须一同调走"的规定，要求赵某将妻子刘某一同调离化工厂。由于赵某不能立即为刘某找到接收单位，使其一同调走，于是向厂方提出了暂缓将妻子调走的请求。厂领导经研究后，同意了赵某的请求，并与赵某签订了书面协议："赵某调走（解除劳动合同）之日起三个月内，赵某之妻刘某必须调离化工厂，否则，厂方有权解除与刘某的劳动合同。"此协议签订后，赵某当即办理了与厂方解除劳动合同的手续。三个月过后，刘某未调离化工厂，化工厂根据厂规章制度第 57 条和赵某在调走时与厂方签订的协议，做出了与刘某解除劳动合同的决定。刘某不服，诉至劳动争议仲裁委员会，要求仲裁。

法律分析

该化工厂规章制度第 57 条"凡本厂双职工，男职工调走时，妻子必须一同调走"的规定，明显违反了我国的法律规定。《劳动法》规定，妇女享有与男子平等就业的权利，妇女在就业上不能受到歧视，并受法律保护。化工厂规定男职工调走时，妻子必须一同调走，是把女职工看成了男职工的附属品，侵犯了女职工的合法权益，故厂方的这条规定因与法律相抵触，应认定为无效。

此外，"赵某调走（解除劳动合同）之日起三个月内，赵某之妻刘某必须调离化工厂，否则，厂方有权解除刘某的劳动合同"——这是赵某在调走时与厂方签订的协议，此协议侵犯了第三者（赵某之妻刘某）的利益。签订该协议的双方，无权处分刘某（是否提出调离厂方）的权利。由于我国法律规定双方签订的侵犯第三者利益的协议（合同）无效，所以赵某与厂方签订的协议无效。

从以上分析可以看出，化工厂做出的与刘某解除劳动合同的决定没有法律依据。用人单位在考虑本单位利益或优化人员结构时，要注意男女平等问题，不要侵犯女职工的合法权益；在制定规章制度或订立合同（协议）时，应注意不要出现与法律法规相抵触的条款，否则，这种条款将被劳动争议仲裁委员会或人民法院认定为无效，而不具有法律约束力。

法律依据

《劳动法》第 13 条："妇女享有与男子平等的就业权利。在录用职工时，除国家规定的不适合妇女的工种或者岗位外，不得以性别为由拒绝录用妇女或者提高对妇女的录用标准。"

《劳动合同法》第 4 条第 1 款："用人单位应当依法建立和完善劳动规章制度，保障劳动者享有劳动权利、履行劳动义务。"

33 企业能不能以职工办事不力为由扣发其工资？

典型事例

1996 年 3 月，北京某建筑公司业务员于某与广东某建筑材料厂签订了购买瓷砖合同，合同约定两个月内对方交货，建筑公司先付预交款 15 万元。到了 5 月底，建筑公司仍未收到对方发来的瓷砖。公司因急需这批材料，派业务员于某去广东催货，于某到广东后了解到对方因设备损坏无法交货，并答应赔偿损失。于某回厂后向公司经理说明情况，不料公司经理火冒三丈，指责于某办事不力，让财务科扣发了于某当月工资。于某不服，向当地劳动争议仲裁委员会提起申诉，请求公司发给自己当月工资。

法律分析

这是一起十分明显的企业随意克扣职工工资引起的劳动争议。《劳动法》明确规定，用人单位不得克扣或者无故拖欠劳动者工资，这是对劳动者工资报酬权的保护。所谓"克扣"，是指用人单位无正当理由扣减劳动者的应得工资（即在劳动者已提供正常劳动的前提下，用人单位按劳动合同规定的标准应当支付给劳动者的全部劳动报酬）。从上述规定中可以看出，企业是否有"克扣"劳动者工资的行为，有两方面的衡量标准：一是劳动者是否提供了正常劳动；二是企业是否有正当理由。很显然，在本案中该建筑公司确实实施了克扣职工工资的违法行为，因为职工于某向该公司提供了正常劳动，该公司扣除于某当月工资也无正当理由。于某作为公司业务员，在业务工作中发现对方不能按时发货是有客观原因的，对方也答应赔偿损失，于某本人并无责任，公司以于某办事不力为由扣发工资是无事实根据的。

另外,劳动部在《对〈工资支付暂行规定〉有关问题的补充规定》第 3 项规定了可以扣发工资的五个方面的理由:①国家法律、法规中有明确规定的;②依法签订的劳动合同中有明确规定的;③用人单位依法制定并经职代会批准的厂规、厂纪中有明确规定的;④企业工资总额与经济效益相联系,经济效益下浮时,工资必须下浮的(但支付给劳动者的工资不得低于当地最低工资标准);⑤因劳动者请假等相应减发工资。

从本案看,该公司扣发于某的工资不在上述正当理由之列。这充分说明,该公司扣发职工于某的工资是随意的、非法的,是对劳动者工资权的侵犯。于某应当拿起法律武器维护自己的合法权益。

法律依据

《劳动法》第 50 条:"工资应当以货币形式按月支付给劳动者本人。不得克扣或者无故拖欠劳动者的工资。"

《工资支付暂行规定》第 15 条:"用人单位不得克扣劳动者工资。有下列情况之一的,用人单位可以代扣劳动者工资:

(一)用人单位代扣代缴的个人所得税;

(二)用人单位代扣代缴的应由劳动者个人负担的各项社会保险费用;

(三)法院判决、裁定中要求代扣的抚养费、赡养费;

(四)法律、法规规定可以从劳动者工资中扣除的其他费用。"

劳动部《对〈工资支付暂行规定〉有关问题的补充规定》第 3 项:"《规定》第十五条中所称'克扣'系指用人单位无正当理由扣减劳动者应得工资(即在劳动者已提供正常劳动的前提下用人单位按劳动合同规定的标准应当支付给劳动者的全部劳动报酬)。不包括以下减发工资的情况:①国家的法律、法规中有明确规定的;②依法签订的劳动合同中有明确规定的;③用人单位依法制定并经职代会批准的厂规、厂纪中有明确规定的;④企业工资总额与经济效益相联系,经济效益下浮时,工资必须下浮的(但支付给劳动者工资不得低于当地最低工资标准);⑤因劳动者请事假等相应减发工资等。"

34 最低工资包括加班加点工资吗?

典型事例

纪某系某市私营鞋厂职工,于1996年3月15日向当地劳动争议仲裁委员会提出申诉,请求该鞋厂支付不低于当地最低工资标准的工资报酬。仲裁委员会受案后,经调查发现,该鞋厂由于要赶活,1996年元旦后每天加班1小时,其中每月还有两个休息日不休息,但纪某的工资才领到320元,扣除加班加点工资报酬外,实领工资130元。而当地政府规定的最低工资标准是170元。企业认为纪某的工资320元已高于当地最低工资标准,因而不同意向纪某增补工资。那么,最低工资包括加班加点工资吗?

法律分析

这是一起因工资问题发生的劳动争议案件。该企业对最低工资问题缺乏正确理解。《劳动法》和《工资支付暂行规定》都规定,如果劳动者为企业提供了正常劳动,企业支付给劳动者的劳动报酬不得低于当地最低工资标准。有关法律规定,最低工资标准是指劳动者在法定工作时间内履行了正常劳动义务的前提下,由其所在单位支付的最低劳动报酬。

最低工资包括基本工资和奖金、津贴、补贴,但不包括加班加点工资、特殊劳动条件下的津贴、国家规定的社会保险和福利待遇。其中《最低工资规定》规定的中班、夜班、高温、低温、井下、有毒有害等特殊工作环境、条件下津贴属于特殊劳动条件下的津贴。另外，劳动部《关于实施最低工资保障制度的通知》规定，用人单位通过贴补伙食、住房等支付给劳动者的非货币性收入亦不包括在最低工资标准内。

上述规定对最低工资的含义表述得很清楚。而本案中，该鞋厂支付给职工纪某的全部工资为 320 元，由于该厂基本上每天都延长工作时间 1 小时，且有两个星期天不休息，支付给职工的工资只有 130 元，低于当地 170 元最低工资标准 40 元。这就违反了国家法律、法规的规定，侵害了劳动者的合法权益。纪某应当拿起法律武器维护自己的合法权益，要求用人单位按照最低工资标准支付工资并不得把加班加点工资计算在内。

用人单位在支付劳动者工资时，应当向劳动者提供一份个人的工资清单，列明所支付的工资项目，使劳动者知道自己所领取的工资哪些是基本工资，哪些是奖金、补贴，哪些是加班加点工资，防止出现只向职工提供工资的综合数额，而隐藏着低于最低工资标准支付劳动者工资的问题。

法 律依据

《最低工资规定》第 12 条："在劳动者提供正常劳动的情况下，用人单位应支付给劳动者的工资在剔除下列各项以后，不得低于当地最低工资标准：

（一）延长工作时间工资；

（二）中班、夜班、高温、低温、井下、有毒有害等特殊工作环境、条件下的津贴；

（三）法律、法规和国家规定的劳动者福利待遇等。

实行计件工资或提成工资等工资形式的用人单位，在科学合理的劳动定额基础上，其支付劳动者的工资不得低于相应的最低工资标准。

劳动者由于本人原因造成在法定工作时间内或依法签订的劳动合同约定的工作时间内未提供正常劳动的，不适用于本条规定。"

《劳动法》第48条："国家实行最低工资保障制度。最低工资的具体标准由省、自治区、直辖市人民政府规定，报国务院备案。

用人单位支付劳动者的工资不得低于当地最低工资标准。"

劳动部《关于实施最低工资保障制度的通知》："关于最低工资标准的组成，除《最低工资规定》中列举的扣除项目外，用人单位通过贴补伙食、住房等支付给劳动者的非货币性收入亦不包括在内。"

35 法定节假日的加班工资怎么算?

典型事例

1996年"五一"节期间，某公司因接待外宾参观，决定产品调试车间8名职工加班一天。第二天又安排8名职工休息。六月初领工资时，8名职工都没有领到加班工资，向公司提出质疑。公司称"五一"节加班是工作需要，而且第二天已经安排了补休，不再发给加班工资。8名职工不服，向当地劳动争议仲裁委员会提出申诉，请求补发其"五一"节加班工资。仲裁委员会受案后，经调解，公司仍不补发加班工资，遂裁决，该公司按照不低于劳动合同约定的工资的300%支付8名职工加班工资。

法津分析

这种以补休代替法定节假日加班工资的行为不符合法律规定，仲裁委员会的裁决是正确的。加班加点，即《劳动法》中所规定的延长工作时间。《劳动法》对延长工作时间支付高于正常工作时间工资的工资报酬问题规定了三种情形：①安排劳动者延长工作时间的，支付不低于工资的150%的工资报酬；②休息日安排劳动者工作又不能安排补休的，支付不低于工资的200%的工资报酬；③法定休假日安排劳动者工作的，支付不低于工资的300%的工资报酬。

上述三种情形中，法律规定，在休息日安排劳动者工作的，其待遇有两种选择：一是安排补休；二是支付不低于工资200%的工资报酬，而且能够安排补休的不再支付工资200%的工资报酬。而第一种和第三种情形下则只能支付法律规定的工资报酬，不能安排补休而不支付高于正常工作时间的工资报酬。在本案中，公司8名员工可以依据《劳动法》的规定要求公司按照不低于劳动合同约定的工资的300%支付加班工资。

在法定休假日安排劳动者工作不但影响劳动者休息，也影响劳动者的精神文化生活和其他社会活动，这是用补休的办法无法弥补的，因此，应当给予更高的工资报酬。可见，用人单位在遇到上述情况，安排劳动者工作时，应当严格按照《劳动法》的规定办事。属于哪一种情况，就应执行法律对这种情况所作出的规定，相互不能混淆，不能代替。凡不允许代替而代替的，不管什么原因、什么理由都是违法的，都是对劳动者权益的侵犯，都应当依法予以纠正。

法津依据

《劳动法》第44条："有下列情形之一的，用人单位应当按照下列标准支付高于劳动者正常工作时间工资的工资报酬：

（一）安排劳动者延长时间的，支付不低于工资的百分之一百五十的工资报酬；

（二）休息日安排劳动者工作又不能安排补休的，支付不低于工资的百分之二百的工资报酬；

（三）法定休假日安排劳动者工作的，支付不低于工资的百分之三百的工资报酬。"

36 企业停产期间职工享有什么样的待遇?

典型事例

2002 年 8 月，叶某通过招聘会与某公司签订了应聘协议。双方约定，公司聘请叶某为公司下属通州工厂的厂长，月薪 3500 元，合同期为 3 年。2003 年 4 月，由于受"非典"影响，通州工厂停产，公司研究决定从 5 月份开始，全体员工每人每月发放 350 元生活费。工厂虽然停产，但叶某一直坚持工作，处理停产期间工厂日常的管理工作。7 月份，叶某向公司提出辞职并要求按照 3500 元的标准补发 5 月、6 月的工资差额。公司同意叶某的辞职要求，但拒绝了叶某补发工资的要求，认为企业停产期间发放职工生活费符合有关规定。叶某不服，向劳动争议仲裁委员会提出申诉，要求裁定公司支付 5 月、6 月的工资差额。劳动争议仲裁委员会最终裁决公司按照当地最低工资标准向叶某支付 5 月、6 月的工资差额。

法律分析

该案涉及的法律问题是，企业停产期间职工的待遇问题。由于受各种内、外因素的影响，企业在生产经营的过程中，有时会陷入停工停产的境地。企业在停工停产期间，职工的待遇如何，直接关系到每个职工的切身利益。那么，在企业停产期间，职工享有哪些权利呢？

根据劳动部《工资支付暂行规定》，非因劳动者原因造成单位停工、停产在一个工资支付周期内的，用人单位应按劳动合同规定的标准支付劳动者工资。超过一个工资支付周期的，若劳动者提供了正常劳动，则支付给劳动者的劳动报酬不得低于当地的最低工资标准；若劳动者没有提供正常劳动，应按国家有关规定办理。这里所说的正常劳动是指职工按照企业的作息时间按时到厂上下班，但并不要求职工提供的劳动内容和企业正常生产时一样，具体工作内容由厂里根据实际情况做出安排。对于没有提供正常劳动的劳动者，这里所说的"应按国家有关规定办理"，是指企业应当按所在地区的生活费发放标准，向职工支付生活费。

因此，劳动争议仲裁委员会依据以上规定，裁定企业对于提供了正常劳动的劳动者叶某支付最低工资，而不是生活费，是符合有关规定的。对于叶某提出的按原定工资标准补发其差额的要求，劳动争议仲裁委员会并没有支持，毕竟劳动者在企业停产期间提供的劳动与在企业正常生产时提供的劳动是不同的，仲裁委员会的裁决是符合公平原则的。

法津依据

《工资支付暂行规定》第 12 条："非因劳动者原因造成单位停工、停产在一个工资支付周期内的，用人单位应按劳动合同规定的标准支付劳动者工资。超过一个工资支付周期的，若劳动者提供了正常劳动，则支付给劳动者的劳动报酬不得低于当地的最低工资标准；若劳动者没有提供正常劳动，应按国家有关规定办理。"

　　劳动和社会保障部办公厅《关于妥善处理劳动关系有关问题的通知》第2条："用人单位正常生产经营的，必须按时支付劳动者工资。用人单位停工停产期间，按《工资支付暂行规定》支付劳动者工资或生活费。停工停产在一个工资支付周期内的，应按劳动合同规定的标准支付工资。停工停产超过一个工资支付周期的，劳动者提供了正常劳动，支付给劳动者的劳动报酬不得低于当地的最低工资标准；劳动者没有提供正常劳动，用人单位应当向劳动者支付生活费。生活费标准按照各省、自治区、直辖市规定的办法执行。"

37　没有约定经济补偿金的竞业禁止条款有效吗？

典型事例

　　王某于2006年10月9日与某电脑公司签订劳动合同，被聘为技术员，聘期两年。双方当事人在劳动合同中约定了竞业禁止：合同解除或终止后，王某三年内不得在本地区从事与该公司相同性质的工作，如违约，王某需一次性赔偿电脑公司经济损失10万元。

　　因电脑公司拖欠王某2007年9月、10月两个月的工资，2007年11月15日，王某向区劳动争议仲裁委员会申请仲裁，要求解除劳动合同；补发两个月工资，给付经济补偿金；确认劳动合同中的竞业禁止条款无效。

法律分析

　　根据《劳动法》和《劳动合同法》等相关法律法规的规定，用人单位与劳动者应当按照劳动合同的约定，全面履行各自的义务。用人单位应当按照劳动合同约定和国家规定，向劳动者及时足额支付劳动报酬。在劳动者已履行劳动义务的情况下，用人单位未按劳动合同约定的数额、日期或方式支付劳动报酬的，劳动者可以与用人单位解除劳动合同，并且用人单位要按照《劳动合同法》规定的经济补偿金的支付标准向劳动者支付经济补偿金。

在本案中，用人单位没有按照劳动合同的约定，向劳动者按时足额支付劳动报酬，因此，劳动者有权解除劳动合同，要求用人单位支付所欠付的劳动报酬，并支付延期支付工资的经济补偿金。

竞业限制是指负有特定义务的劳动者在任职期间或者离任后的一定期间内，不得自营或者为他人经营与所任职的企业同类性质的行业，不得泄露用人单位的商业秘密和与知识产权相关的保密事项。为了保护用人单位的商业秘密，限制恶意竞争，根据《劳动合同法》第23条的规定，用人单位有权与负有保密义务的劳动者签订竞业禁止条款。同时，根据竞业限制的规定，劳动者在解除或终止劳动关系的竞业限制期间将不能利用自己比较占优势的从业技术进行劳动，从而获得相应的劳动报酬。竞业禁止这种对劳动权能的限制，必将导致劳动者竞业禁止期间收入的降低，往往会造成劳动者生活质量的下降。为了保障劳动者竞业禁止期间的生活质量，《劳动合同法》第23条、第24条对经营限制的适用主体、行业范围、时间范围、区域范围、经济补偿、违约金等都进行必要的合理性限制。因此，对用人单位来说，其应当支付竞业禁止劳动者在竞业禁止期间的经济补偿金，并在与劳动者约定竞业禁止条款时，对竞业禁止劳动者的主体范围和保密事项范围、竞业禁止的地域范围和竞业禁止年限进行合理的限制。否则，用人单位不约定竞业禁止经济补偿金或不实际支付该经济补偿金的，竞业禁止约定条款对劳动者无效。在本案中，用人单位尽管与劳动者约定了竞业限制条款和违反竞业限制劳动者应当支付违约金的条款，但是，由于用人单位并没有按照法律规定，向劳动者支付竞业限制补偿金，因此，该竞业限制义务就终止，即劳动者无须支付违约金。

因此，根据《劳动法》和《劳动合同法》的相关规定，在本案中，劳动者解除劳动合同，用人单位应支付拖欠的工资、延期支付工资的经济补偿金、解除劳动合同经济补偿金，同时，竞业禁止条款对王某不具有法律约束力。

法律依据

《劳动合同法》第 23 条："用人单位与劳动者可以在劳动合同中约定保守用人单位的商业秘密和与知识产权相关的保密事项。

对负有保密义务的劳动者，用人单位可以在劳动合同或者保密协议中与劳动者约定竞业限制条款，并约定在解除或者终止劳动合同后，在竞业限制期限内按月给予劳动者经济补偿。劳动者违反竞业限制约定的，应当按照约定向用人单位支付违约金。"

《劳动合同法》第 24 条："竞业限制的人员限于用人单位的高级管理人员、高级技术人员和其他负有保密义务的人员。竞业限制的范围、地域、期限由用人单位与劳动者约定，竞业限制的约定不得违反法律、法规的规定。

在解除或者终止劳动合同后，前款规定的人员到与本单位生产或者经营同类产品、从事同类业务的有竞争关系的其他用人单位，或者自己开业生产或者经营同类产品、从事同类业务的竞业限制期限，不得超过二年。"

38 如何看待劳动者的如实告知义务？

典 型事例 |

王某到某公司应聘填写录用人员情况登记表时，隐瞒了自己曾先后两次受行政、刑事处分的事实，与公司签订了三年期限的劳动合同。事隔三日，该公司收到当地检察院对王某不起诉决定书。公司经进一步调查得知，王某曾因在原单位盗窃电缆受到严重警告处分，又盗窃原单位苫布被查获，因王某认罪态度较好，故不起诉。请问该公司调查之后，以王某隐瞒受过处分，不符合本单位录用条件为由，在试用期内解除了与王某的劳动关系是否合理？

法 津分析 |

根据《劳动合同法》的规定，订立劳动合同，应当遵循合法、公平、平等自愿、协商一致、诚实信用的原则。同时，用人单位有权了解劳动者与劳动合同直接相关的基本情况，劳动者应当如实说明。劳动者和用人单位在法律上处于平等的地位，且劳动合同订立的过程是完全出于当事人自己的意愿，而且是出于内心的真实意思表示。劳动合同订立的过程中，劳动者和用人单位必须诚实、善意地行使权利，不诈不欺，诚实守信。同时，根据《劳动合同法》第39条的规定，劳动者在试用期期间被证明不符合录用条件的，用人单位可以与劳动者解除劳动合同，而且用人单位并不需要支付经济补偿金。

在本案中，王某在填写录用人员情况登记表时，隐瞒了自己曾先后两次受行政、刑事处分的事实，是一种不诚实、不善意的行为，违背了诚实信用原则。虽然签订合同是双方自愿的，但这种自愿是建立在虚假材料基础上的,本质上违背了平等自愿的原则,用人单位与王某在试用期内解除劳动合同是合理的。在此要提醒广大农民工朋友,在订立劳动合同时一定要诚实信用,如实告知用人单位自己的真实情况,不可以编造事实或者隐瞒真相,否则将承担不利的法律后果。

法律依据

《劳动合同法》第8条:"用人单位招用劳动者时,应当如实告知劳动者工作内容、工作条件、工作地点、职业危害、安全生产状况、劳动报酬,以及劳动者要求了解的其他情况;用人单位有权了解劳动者与劳动合同直接相关的基本情况,劳动者应当如实说明。"

《劳动合同法》第39条:"劳动者有下列情形之一的,用人单位可以解除劳动合同:

(一)在试用期间被证明不符合录用条件的;

(二)严重违反用人单位的规章制度的;

(三)严重失职,营私舞弊,给用人单位造成重大损害的;

(四)劳动者同时与其他用人单位建立劳动关系,对完成本单位的工作任务造成严重影响,或者经用人单位提出,拒不改正的;

(五)因本法第二十六条第一款第一项规定的情形致使劳动合同无效的;

(六)被依法追究刑事责任的。"

39 劳动合同中的"伤亡自负"条款有效吗？

典型事例

王某于2008年3月到某建筑公司工作，双方签订了为期三年的劳动合同。合同第7条约定，乙方（劳动者）违反操作规程造成工伤一切后果自负，甲方不承担任何责任。当年11月份，王某在工作中不幸将左臂严重砸伤，在治疗过程中共支付医疗费1.3万元，后经劳动能力鉴定委员会鉴定为七级伤残。王某多次要求建筑公司报销医疗费，根据伤残等级支付一次性伤残补助金，公司以劳动合同有约定为由拒不支付相关费用。请问，有合同约定时，王某还能不能要求上述费用？

法律分析

《劳动合同法》第3条规定的订立劳动合同要遵循的合法原则，是指劳动合同的订立不得违反法律、法规的规定。法律、法规指现行的法律、行政法规，既包括劳动法律、法规，也包括民事、刑事、行政和经济方面的法律、法规。合法原则包括：劳动合同的主体必须合法、劳动合同的内容必须合法和劳动合同订立的程序和形式合法。

建筑公司与王某在合同中约定的免责条款违反了国家法律的强制性规定，属于无效条款。首先，该免责条款侵犯了劳动者依宪法所享有的受劳动保护的宪法权利。我国《宪法》第42条规定："中华人民共和国公民有劳动的权利和义务。国家通过各种途径，创造劳动就业条件，加强劳动保护，改善劳动条件，并在发展生产的基础上，提高劳动报酬和福利待遇。"其次，该条款违反了相关基本法的规定。《安全生产法》第49条第2款规定："生产经营单位不得以任何形式与从业人员订立协议,免除或者减轻其对从业人员因生产安全事故伤亡依法应承担的责任。"《工伤保险条例》第 14 条规定:"职工有下列情形之一的,应当认定为工伤:(一)在工作时间和工作场所内,因工作原因受到事故伤害的;(二)工作时间前后在工作场所内,从事与工作有关的预备性或者收尾性工作受到事故伤害的;(三)在工作时间和工作场所内,因履行工作职责受到暴力等意外伤害的;(四)患职业病的;(五)因工外出期间,由于工作原因受到伤害或者发生事故下落不明的;(六)在上下班途中,受到非本人主要责任的交通事故或者城市轨道交通、客运轮渡、火车事故伤害的;(七)法律、行政法规规定应当认定为工伤的其他情形。"因工负伤,是指劳动者在劳动过程中,因执行职务而受到的伤害,根据我国法律法规规定,工伤保险执行的是"无过失补偿原则",只要是劳动者在工作时间、工作地点、为了工作受到伤害,不管用人单位有无过错、有无责任,都应依法给劳动者进行医治、救助。《劳动合同法》第 26 条规定,用人单位免除自己的法定责任,排除劳动者权利的,属于劳动合同的无效或者部分无效。

在本案中,所涉劳动合同中的有关用人单位的"伤亡自负"免责条款属于无效条款,属于合同的部分无效。王某受到的伤害符合工伤的条件,建筑公司以劳动合同中约定的免责条款为由排除其应享受的工伤待遇是错误的,其应当对王某承担赔偿责任。

法律依据

《宪法》第 42 条第 1、2 款规定:"中华人民共和国公民有劳动的权利和义务。

国家通过各种途径,创造劳动就业条件,加强劳动保护,改善劳动条件,并在发展生产的基础上,提高劳动报酬和福利待遇。"

《劳动合同法》第3条："订立劳动合同，应当遵循合法、公平、平等自愿、协商一致、诚实信用的原则。

依法订立的劳动合同具有约束力，用人单位与劳动者应当履行劳动合同约定的义务。"

《劳动合同法》第26条："下列劳动合同无效或者部分无效：

（一）以欺诈、胁迫的手段或者乘人之危，使对方在违背真实意思的情况下订立或者变更劳动合同的；

（二）用人单位免除自己的法定责任、排除劳动者权利的；

（三）违反法律、行政法规强制性规定的。

对劳动合同的无效或者部分无效有争议的，由劳动争议仲裁机构或者人民法院确认。"

《安全生产法》第49条第2款："生产经营单位不得以任何形式与从业人员订立协议，免除或者减轻其对从业人员因生产安全事故伤亡依法应承担的责任。"

《工伤保险条例》第14条："职工有下列情形之一的，应当认定为工伤：

（一）在工作时间和工作场所内，因工作原因受到事故伤害的；

（二）工作时间前后在工作场所内，从事与工作有关的预备性或者收尾性工作受到事故伤害的；

（三）在工作时间和工作场所内，因履行工作职责受到暴力等意外伤害的；

（四）患职业病的；

（五）因工外出期间，由于工作原因受到伤害或者发生事故下落不明的；

（六）在上下班途中，受到非本人主要责任的交通事故或者城市轨道交通、客运轮渡、火车事故伤害的；

（七）法律、行政法规规定应当认定为工伤的其他情形。"

典型事例

2008 年 1 月 10 日，小王入职时，公司告知他有 3 个月的试用期，但是没有与小王签订书面的劳动合同。2008 年 3 月 15 日，公司通知小王，由于他在试用期表现不佳，所以公司决定辞退他。小王觉得很委屈，因为在试用期内他确实努力工作而且自认为表现是很好的。在这种情况下，小王应该怎么办？

法律分析

公司应当在一个月之内与小王签订书面的劳动合同。《劳动合同法》第 10 条第 1、2 款规定："建立劳动关系，应当订立书面劳动合同。已建立劳动关系，未同时订立书面劳动合同的，应当自用工之日起一个月内订立书面劳动合同。"公司截至 3 月 15 日，仍然未与小王签订书面的劳动合同，因而违反了上述法律规定。《劳动合同法》第 82 条第 1 款规定："用人单位自用工之日起超过一个月不满一年未与劳动者订立书面劳动合同的，应当向劳动者每月支付二倍的工资。"所以公司应当向小王支付 2 月份的双倍工资。

由于公司与小王之间没有订立书面劳动合同，根据《劳动合同法》第 19 条第 4 款的规定，试用期包含在劳动合同期限内。劳动合同仅约定试用期的，试用期不成立，该期限为劳动合同期限，所以公司与小王口头约定的试用期是无效的。在此情况下，公司无权以小王在试用期表现不佳为由对其进行辞退。所以，公司辞退小王是一种违法的行为。《劳动合同法》第 48 条规定："用人单位违反本法规定解除或者终止劳动合同，劳动者要求继续履行劳动合同的，用人单位应当继续履行；劳动者不要求继续履行劳动合同或者劳动合同已经不能继续履行的，用人单位应当依照本法第八十七条规定支付赔偿金。"所以，小王可以要求继续履行劳动合同，如果小王不要求继续履行劳动合同的，用人单位应当按照经济补偿标准的二倍向小王支付赔偿金。

法律依据

《劳动合同法》第 10 条："建立劳动关系，应当订立书面劳动合同。

已建立劳动关系，未同时订立书面劳动合同的，应当自用工之日起一个月内订立书面劳动合同。

用人单位与劳动者在用工前订立劳动合同的，劳动关系自用工之日起建立。"

《劳动合同法》第 19 条："劳动合同期限三个月以上不满一年的，试用期不得超过一个月；劳动合同期限一年以上不满三年的，试用期不得超过二个月；三年以上固定期限和无固定期限的劳动合同，试用期不得超过六个月。

同一用人单位与同一劳动者只能约定一次试用期。

以完成一定工作任务为期限的劳动合同或者劳动合同期限不满三个月的，不得约定试用期。

试用期包含在劳动合同期限内。劳动合同仅约定试用期的，试用期不成立，该期限为劳动合同期限。"

《劳动合同法》第 48 条："用人单位违反本法规定解除或者终止劳动合同，劳动者要求继续履行劳动合同的，用人单位应当继续履行；劳动者不要求继续履行劳动合同或者劳动合同已经不能继续履行的，用人单位应当依照本法第八十七条规定支付赔偿金。"

《劳动合同法》第 82 条第 1 款:"用人单位自用工之日起超过一个月不满一年未与劳动者订立书面劳动合同的,应当向劳动者每月支付二倍的工资。"

《劳动合同法》第 87 条:"用人单位违反本法规定解除或者终止劳动合同的,应当依照本法第四十七条规定的经济补偿标准的二倍向劳动者支付赔偿金。"

41 用人单位可以单方变更职工工作岗位吗?

典型事例

职工王某与某公司签订了为期五年的劳动合同,合同自 1993 年 8 月起至 1998 年 7 月止。合同双方约定王某负责仓库保管员工作,月工资 500 元,经半年试用期,公司满意,合同正式履行。1995 年 1 月,公司以食堂缺少管理人员为由,在未与王某协商的情况下,调王某到食堂工作。王某不同意,认为签订合同时双方约定的是担任仓库保管员,一年多来工作一贯认真负责,多次受到奖励,要求公司履行合同双方的约定,而拒绝前往食堂上班。而公司则认为,变动职工工作岗位是企业行使用人自主权的正当行为,并作出相应决定:以王某不服从分配为由,停发工资,并限期一个月调离公司。该公司的做法对吗?

法律分析

《劳动法》第 17 条规定:"订立和变更劳动合同,应当遵循平等自愿、协商一致的原则,不得违反法律、行政法规的规定。劳动合同依法订立即具有法律约束力,当事人必须履行劳动合同规定的义务。"

按照上述规定，合法的变更劳动合同必须同时具备三个条件：劳动合同双方当事人在平等自愿的基础上提出或接受变更合同的条件；必须遵守协商一致的原则，在变更合同过程中，双方当事人必须对变更的内容进行协商，在取得一致意见的情况下进行变更；不得违反法律、行政法规的规定。也就是说变更合同的程序和内容都要符合法律和有关规定，不得违法。因此，在劳动合同履行过程中，一方当事人单方面变更劳动合同是不合法的。

企业因生产工作需要，有时确需变动职工工作岗位时，要先同职工协商，取得一致意见后再变动。如果职工不同意变动，要做好思想工作，不能以行使企业自主权为由，强行在合同履行期间变动职工的工作岗位，甚至在职工一方不同意的情况下，做出停发工资、限期调离等决定，这样做显然是侵犯职工合法权益的行为，也是一种违约行为，其结果也必然会影响到企业自身的利益。因此用人单位在变更劳动合同时一定要采取慎之又慎的态度。

法津依据

《劳动法》第17条："订立和变更劳动合同，应当遵循平等自愿、协商一致的原则，不得违反法律、行政法规的规定。

劳动合同依法订立即具有法律约束力，当事人必须履行劳动合同规定的义务。"

42 什么是非全日制用工？

典型事例

老王多年前下岗失业，为了养活一家人，不得不四处找工作。但由于年龄较大，又没有一技之长，老王一直找不到合适的工作。

不久前，街道办事处给老王介绍了一个工作，到一家公司做保洁。看到工资待遇都不错，老王就开始上班了。公司人力资源部的负责人告诉老王，他做的保洁工是非全日制的临时工，每天工作8小时，主要工作是保持工作环境整洁及主管安排的其他工作，不上保险，工资按月发放；在公司应当遵守公司的规章制度，服从主管人员的指挥，好好地完成工作。同时，该人力资源部要求老王签订了一份劳务合同，并向老王解释说，非全日制用工人员与公司是劳务关系，所以签劳务合同。老王刚上班不久，却发生了意外。一天，老王在擦楼梯时，一不小心踩空，从楼梯上摔了下来，造成骨折，花去医药费8000多元。

伤愈后，老王回到公司上班，却被告知他与公司的劳务关系已经解除了，老王很纳闷，决定找到人力资源部的负责人理论。但人力资源部负责人对老王说，你可是非全日制用工，与公司是劳务关系，你没给公司做好工作，我们还没找你呢，你还来找我们要说法。老王非常气愤，却感到公司说得似乎也很有道理，毕竟合同白纸黑字都写好的，只好忍气吞声、自认倒霉。公司的说法有法律依据吗？老王应如何维护自己的合法权益？

法津分析

1. 非全日制用工与全日制用工的区别。在用工形式上，劳动合同法确立了三种合法的用工形式，即全日制用工、非全日制用工和劳务派遣用工。《劳动合同法》第68条规定："非全日制用工，是指以小时计酬为主，劳动者在同一用人单位一般平均每日工作时间不超过四小时，每周工作时间累计不超过二十四小时的用工形式。"

非全日制用工是一种灵活的用工形式，与全日制用工的区别主要有以下几个方面：

（1）工作时间不同。标准的全日制用工实行每天工作不超过 8 小时，每周不超过 40 小时的标准工时；非全日制用工的工作时间一般为每天 4 小时，每周工作时间不超过 24 小时。

（2）非全日制用工可以订立口头协议。对全日制用工，用人单位与劳动者应当订立书面劳动合同；而对非全日制用工，用人单位与劳动者可不以书面形式订立劳动合同，职工的劳动权利以及用人单位对职工的要求，可以口头约定。

（3）非全日制用工的劳动关系可以随时终止且无须支付经济补偿金。按照《劳动合同法》的规定，全日制用工，劳动合同终止或解除的，除一些特别情况外，用人单位须向劳动者支付经济补偿金；而非全日制用工则没有明确的规定。

（4）非全日制用工一般只缴纳工伤保险。按目前有关法律法规的规定，全日制用工的用人单位必须缴纳各种社会保险费用；但是，对非全日制用工，用人单位必须为其缴纳工伤保险，除工伤保险外的社会保险费，用人单位则不是必须为劳动者缴纳的。

（5）非全日制用工以小时计酬，结算支付周期最长不超过 15 日。按照《劳动法》和《劳动合同法》的规定，全日制用工应当按月以货币形式定时向劳动者支付工资；非全日制用工，用人单位也必须以货币形式向劳动者定时支付工资，但是，支付工资的周期比全日制用工短，即每半月至少支付一次。

从非全日制用工的定义和其与全日制用工的区别来看，老王是全日制用工。该用人单位的行为是以非全日制用工的形式恶意规避法定义务的违法行为。

2. 非全日制用工是劳动关系而不是劳务关系。从法律关系的角度看，劳务关系与劳动关系的根本区别在于劳动过程的控制。劳务关系是民事法律关系，主体双方具有平等性，"劳动者"（自然人）一方在人身上和组织上是独立的，与"用人单位"之间不存在劳动过程的控制，即不受"用人单位"的管理。"劳动者"有人身自由和意思自由，主体双方的权利与义务依据合同约定履行，"劳动者"支出劳动的过程和形式不受用人单位的控制，"用人单位"与"劳动者"双方的权利和义务适用民法调整。劳动关系的劳动过程是由用人单位的控制来实现的。劳动者在劳动过程中的行为受到用人单位的管理即劳动者应当在用人单位规章制度和主管人员的指挥下提供劳动。对于劳动者违纪行为，用人单位可以根据规定行使处罚权，双方当事人的权利和义务适用《劳动法》和《劳动合同法》调整，享有劳动法上的权利，并履行相应的义务。

从上述分析可以看出，老王遵守公司的规章制度，根据用人单位主管人员的安排从事具体的工作，其劳动过程完全是在用人单位的控制中实现的，可见，老王与用人单位之间是典型的劳动关系。用人单位要求老王签订劳务合同是违法行为。因此，老王与公司建立的是全日制的劳动关系，相应地，老王应当享有作为劳动关系中劳动者应当享受的权利。

法津依据

《劳动合同法》第68条："非全日制用工，是指以小时计酬为主，劳动者在同一用人单位一般平均每日工作时间不超过四小时，每周工作时间累计不超过二十四小时的用工形式。"

《劳动合同法》第69条："非全日制用工双方当事人可以订立口头协议。

从事非全日制用工的劳动者可以与一个或者一个以上用人单位订立劳动合同；但是，后订立的劳动合同不得影响先订立的劳动合同的履行。"

《劳动合同法》第70条："非全日制用工双方当事人不得约定

试用期。"

《劳动合同法》第71条："非全日制用工双方当事人任何一方都可以随时通知对方终止用工。终止用工，用人单位不向劳动者支付经济补偿。"

《劳动合同法》第72条："非全日制用工小时计酬标准不得低于用人单位所在地人民政府规定的最低小时工资标准。

非全日制用工劳动报酬结算支付周期最长不得超过十五日。"

43 什么是集体合同？

典型事例

2007年2月1日，甲公司与工会经过协商签订了集体合同，规定职工的月工资不低于1000元。2007年2月8日，甲公司将集体合同文本送劳动行政部门审查，但劳动行政部门一直未予答复。2008年1月，甲公司招聘李某为销售经理，双方签订了为期2年的合同，月工资5000元。几个月过去了，李某业绩不佳，公司渐渐地对他失去信心。2008年6月，公司降低了李某的工资，只发给李某800元工资。李某就此事与公司协商未果，2008年7月，李某解除了与公司的合同。问题：集体合同是否生效，为什么？李某业绩不佳，公司可否只发给其800元的工资，为什么？

法律分析

集体合同，是指用人单位与本单位职工根据法律、法规、规章的规定，就劳动报酬、工作时间、休息休假、劳动安全卫生、职业培训、保险福利等事项，通过集体协商签订的书面协议。

《劳动合同法》第54条规定："集体合同订立后，应当报送劳动行政部门；劳动行政部门自收到集体合同文本之日起十五日内未提出异议的，集体合同即行生效。依法订立的集体合同对用人单位和劳动者具有约束力。"因此，可以认定为甲公司与工会签订的集体合同有效。《劳动合同法》第55条规定："用人单位与劳动者订立的劳动合同中劳动报酬和劳动条件等标准不得低于集体合同规定的标准。"

在案例中，公司因李某的业绩不佳而把工资降低，并低于集体合同的最低工资约定。同时，按照《劳动合同法》第35条的规定，用人单位与劳动者协商一致，可以变更劳动合同约定的内容。因此，公司降低李某的工资，实属单方变更劳动合同中劳动报酬的行为，且其支付的劳动报酬低于集体合同约定，故有违法律规定。李某可以向劳动争议仲裁委员会申请仲裁，对仲裁不服的可以向法院起诉。

法 律依据

《集体合同规定》第3条第1句："本规定所称集体合同，是指用人单位与本单位职工根据法律、法规、规章的规定，就劳动报酬、工作时间、休息休假、劳动安全卫生、职业培训、保险福利等事项，通过集体协商签订的书面协议。"

《劳动合同法》第54条："集体合同订立后，应当报送劳动行政部门；劳动行政部门自收到集体合同文本之日起十五日内未提出异议的，集体合同即行生效。

依法订立的集体合同对用人单位和劳动者具有约束力。行业性、区域性集体合同对当地本行业、本区域的用人单位和劳动者具有约束力。"

《劳动合同法》第55条："集体合同中劳动报酬和劳动条件等标准不得低于当地人民政府规定的最低标准；用人单位与劳动者

订立的劳动合同中劳动报酬和劳动条件等标准不得低于集体合同规定的标准。"

44 规章制度未公示有法律效力吗？

典型案例

小明于 2005 年 3 月入职深圳一电子公司，双方签订了一份为期三年的劳动合同，合同中特别约定：如违反公司规章制度，情节严重的，公司有权提前解除劳动合同，且无须支付经济补偿金。2007 年 6 月 10 日，小明接到公司的一份解雇通知，解雇理由是小明上班时间经常上网聊天，根据公司规章制度，在上班时间上网聊天三次以上的视为严重违纪，公司可解除劳动合同。小明辩解，他一直不知道公司有该规定，公司从未将规章制度的内容向其公示。公司称规章制度已向其公示，但无法举证规章制度公示的事实。那么公司可否就小明严重违纪而解除劳动合同？

法律分析

规章制度制定后，在劳动争议处理过程中并不会当然的作为处理依据，还必须经过公示程序。最高人民法院《关于审理劳动争议案件适用法律若干问题的解释》第 19 条规定："用人单位根据《劳动法》第四条之规定，通过民主程序制定的规章制度，不违反国家法律、行政法规及政策规定，并已向劳动者公示的，可以作为人民法院审理劳动争议案件的依据。"《劳动合同法》第四条第 4 款规定："用人单位应当将直接涉及劳动者切身利益的规章制度和重大事项决定公示，或者告知劳动者。"规章制度公示方法很多，根据实践经验，一般可采取如下公示方法：

1. 公司网站公布：在公司网站或内部局域网发布进行公示。

2. 电子邮件通知：向员工发送电子邮件，通知员工阅读规章制度并回复确认。

3. 公告栏张贴：在公司内部设置的公告栏、白板上张贴供员工阅读。

4. 员工手册发放：将公司规章制度编印成册，每个员工均发放一本。

5. 规章制度培训：公司人力资源管理部门组织公司全体员工进行公司规章制度的培训，集中学习。

6. 规章制度考试：公司以规章制度内容作为考试大纲，挑选重要条款设计试题，组织员工进行开卷或闭卷考试，加深员工对公司规章制度的理解。

7. 规章制度传阅：如公司员工不多时，可将规章制度交由员工传阅。

在本案中，根据最高人民法院《关于审理劳动争议案件适用法律若干问题的解释》第19条的规定，规章制度未公示的，不能作为人民法院审理劳动争议案件的依据，本案中公司不能举证证明规章制度已公示的，其依据规章制度的有关规定解除劳动合同将不能得到支持。

法律依据

最高人民法院《关于审理劳动争议案件适用法律若干问题的解释》第19条："用人单位根据《劳动法》第四条之规定，通过民主程序制定的规章制度，不违反国家法律、行政法规及政策规定，并已向劳动者公示的，可以作为人民法院审理劳动争议案件的依据。"

《劳动合同法》第4条："用人单位应当依法建立和完善劳动

规章制度，保障劳动者享有劳动权利、履行劳动义务。

用人单位在制定、修改或者决定有关劳动报酬、工作时间、休息休假、劳动安全卫生、保险福利、职工培训、劳动纪律以及劳动定额管理等直接涉及劳动者切身利益的规章制度或者重大事项时，应当经职工代表大会或者全体职工讨论，提出方案和意见，与工会或者职工代表平等协商确定。

在规章制度和重大事项决定实施过程中，工会或者职工认为不适当的，有权向用人单位提出，通过协商予以修改完善。

用人单位应当将直接涉及劳动者切身利益的规章制度和重大事项决定公示，或者告知劳动者。"

45 劳动合同协商解除能要求经济补偿金吗？

典型事例

刘先生是某公司技术部门的一名员工，与公司签订了无固定期限的劳动合同。近年来，刘先生所在的公司因市场竞争激烈逐渐陷入经营困难的状况。为摆脱困境，公司经董事会决议，决定采取减人增效的办法。经与企业工会协商，公司职代会通过了一项协商解除劳动合同的方案，其中规定：公司提出与员工协商解除劳动合同，员工在方案公布后一周内书面同意与公司协商解除劳动合同的，公司在法定经济补偿金之外再给予额外奖励金。方案公布一周后，刘先生才向公司递交了协商解除劳动合同的意见书，并要求公司按规定支付法定经济补偿金和额外奖励金。公司表示刘先生提交协商解除劳动合同意见时超过了公司规定的期限，公司可以同意与刘先生协商解除劳动合同，但不同意支付经济补偿金和额外奖励金，双方于是发生争议。请问刘先生与公司的劳动合同协商解除后，刘先生是否可以要求公司支付额外奖励金和经济补偿金？

法津分析

根据《劳动合同法》第 36 条的规定，用人单位与劳动者协商一致，可以解除劳动合同。那么劳动合同当事人经协商一致解除了劳动合同后是否有经济补偿金呢？这里关键要看是劳动者还是用人单位提出解除劳动合同的。《劳动合同法》第 46 条规定，用人单位向劳动者提出并与劳动者协商解除劳动合同的，用人单位应当向劳动者支付经济补偿金。假若由劳动者提出，劳动者与用人单位协商一致解除劳动合同的，用人单位无须支付经济补偿金。

本案中，公司提出与员工协商解除劳动合同时，设定了一周的期限和书面同意的条件，刘先生未在公司设定的期限内以书面形式表示同意，表明刘先生未能在公司提出协商解除劳动合同时与公司达成解除合同的协议。此后，刘先生在公司设定的期限和条件之外提出协商解除劳动合同，应是刘先生另行向公司提出协商解除合同要求。双方尽管最后还是协商一致依法解除了劳动合同，但由于是刘先生提出协商解除要求的，根据以上规定，公司没有支付额外奖励金和经济补偿金的法定义务，因此刘先生要求公司支付额外奖励金和经济补偿金均无法律依据。

法津依据

《劳动合同法》第 46 条："有下列情形之一的，用人单位应当向劳动者支付经济补偿：

（一）劳动者依照本法第三十八条规定解除劳动合同的；

（二）用人单位依照本法第三十六条规定向劳动者提出解除劳动合同并与劳动者协商一致解除劳动合同的；

（三）用人单位依照本法第四十条规定解除劳动合同的；

（四）用人单位依照本法第四十一条第一款规定解除劳动合同的；

（五）除用人单位维持或者提高劳动合同约定条件续订劳动合同，劳动者不同意续订的情形外，依照本法第四十四条第一项规定终止固定期限劳动合同的；

（六）依照本法第四十四条第四项、第五项规定终止劳动合同的；

（七）法律、行政法规规定的其他情形。"

46 劳动合同解除或终止，用人单位有哪些随附义务？

典型事例

北京的程先生因打架斗殴被判刑，1976 年被器材厂开除，1985 年刑满释放。2003 年 9 月，程先生要求器材厂转移其人事档案。当月 22 日，器材厂将程先生的人事档案转移至街道办事处。2004 年 4 月 26 日，程先生以器材厂为被诉人申请劳动争议仲裁。劳动争议仲裁委员会裁决：器材厂支付未及时转档给程先生造成的损失 1.6 万余元。器材厂不服仲裁裁决，于 2004 年 7 月起诉至一审法院称，程先生未主动与单位联系，单位不知其下落，故将档案留在单位比较稳妥，迟转档案的责任应由程先生承担，不同意支付程先生因未及时转档所造成的 1.6 万余元损失。程先生亦不服仲裁裁决并反诉称，自己 1985 年 1 月刑满释放后因没有档案无法就业，而器材厂答复没有档案。2003 年 9 月自己再次回厂查找档案，器材厂才于当月 22 日电话告知档案转到了街道办事处。程先生要求器材厂赔偿 1985 年 1 月至 2003 年 9 月的失业损失费

9 万元，失业保险金损失 8964 元，补办此期间的养老保险、失业保险、医疗保险，并缴纳 1992 年 1 月至 2003 年 9 月的社会保险费用。

法律分析

依据《劳动合同法》之规定，用人单位应当在解除或者终止劳动合同时出具解除或者终止劳动合同的证明，并在 15 日内为劳动者办理档案和社会保险关系转移手续。用人单位违反本法规定未向劳动者出具解除或者终止劳动合同的书面证明，由劳动行政部门责令改正；给劳动者造成损害的，应当承担赔偿责任。同时，《劳动合同法》第 84 条明确规定，劳动者依法解除或者终止劳动合同，用人单位扣押劳动者档案的，由劳动行政部门责令限期退还劳动者本人，并以每人 500 元以上 2000 元以下的标准处以罚款。因此，如果用人单位不出具有关书面证明的行为给劳动者造成了损害，则除了承担"公法责任"继续出具有关证明外，还应当基于损害赔偿的原理和规制，对劳动者承担"私法责任"。

《企业职工档案管理工作规定》规定，企业职工调动、辞职、解除劳动合同或被开除、辞退等，应由职工所在单位在一个月内将其档案转交其新的工作单位或其户口所在地的街道劳动（组织人事）部门。职工被劳教、劳改，原所在单位今后还准备录用的，其档案由原所在单位保管。本案器材厂未将程先生档案及时转出，程先生在就业、办理社会保险等方面均会受到不利影响，器材厂应承担相应的责任，给予适当补偿。

法律依据

《劳动合同法》第 50 条第 1 款和第 2 款："用人单位应当在解除或者终止劳动合同时出具解除或者终止劳动合同的证明，并在

15 日内为劳动者办理档案和社会保险关系转移手续。

　　劳动者应当按照双方约定，办理工作交接。用人单位依照本法有关规定应当向劳动者支付经济补偿的，在办结工作交接时支付。"

　　《劳动合同法》第89条："用人单位违反本法规定未向劳动者出具解除或者终止劳动合同的书面证明，由劳动行政部门责令改正；给劳动者造成损害的，应当承担赔偿责任。"

　　《企业职工档案管理工作规定》第18条："企业职工调动、辞职、解除劳动合同或被开除、辞退等，应由职工所在单位在一个月内将其档案转交其新的工作单位或其户口所在地的街道劳动（组织人事）部门。职工被劳教、劳改，原所在单位今后还准备录用的，其档案由原所在单位保管。"

47 用人单位违反劳动合同约定的劳动条件，职工可以解除劳动合同吗？在哪些情况下劳动者可以随时解除劳动合同？

典型事例

　　刘某从某矿冶学校毕业后，被某有色金属矿山企业录用，并签订了5年期劳动合同。劳动合同中约定，刘某负责指导一线开采工作，企业提供必要的劳动保护条件，工资待遇与企业管理人员相同。刘某工作后，企业为刘某提供了半年的培训，然后按劳动合同约定安排到一线工作，但一直没有提供相应的劳动保护设备。刘某找到企业负责人，其答复说刘某是按管理人员对待的，不是真正的一线工人，不能像一线工人那样领取劳动保护设备，由于工作需要，也无法享受企业机关科室人员的工作环境。刘某认为企业的这种做法违反了劳动合同中关于劳动条件的约定，提出解除劳动合同。企业则提出，如果刘某擅自解除劳动合同，应按照劳动部《违反〈劳动法〉有关劳动合同规定的赔偿办法》（劳部发〔1995〕223号）第4条规定，赔偿企业录用和培训费用。刘某不服，到当地劳动争议仲裁委员会申诉，劳动争议仲裁委员会审理后裁定：企业违反了劳动合同中关于劳动条件的规定，刘某可以解除劳动合同，不需支付赔偿费用。

法律分析

关于劳动者的劳动条件，《劳动合同法》明确将其规定为劳动合同的必备内容之一。《劳动合同法》同时规定，用人单位未按照劳动合同约定提供劳动保护或者劳动条件的，劳动者可以随时通知用人单位解除劳动合同。本案双方当事人已经在劳动合同中约定了劳动条件，企业以刘某的工作性质比较特殊为由，不予提供，违反了劳动合同约定。刘某根据上述规定，可以提出解除劳动合同。

在劳动合同的几项主要内容中，人们往往对合同期限、工作内容、劳动报酬等"硬件"要素比较注意，忽视劳动条件等"软件"要素。实际上，必要的劳动条件不但是劳动者身体健康的保障，也是劳动者顺利履行义务的保障。违反了《劳动合同法》关于劳动条件的规定和劳动合同的约定，劳动者身体健康和履行义务都失去了保障，劳动者依法提出解除劳动合同是合法的。

除此之外，哪些情况下劳动者可以随时解除劳动合同呢？

1. 未按照劳动合同约定提供劳动保护或者劳动条件的。

2. 未及时足额支付劳动报酬的。

3. 未依法为劳动者缴纳社会保险费的。

4. 用人单位的规章制度违反法律、法规的规定，损害劳动者权益的。

5. 以欺诈、胁迫的手段或者乘人之危，使对方在违背真实意思的情况下订立或者变更劳动合同的。

6. 法律、行政法规规定劳动者可以解除劳动合同的其他情形。

7. 用人单位以暴力、威胁或者非法限制人身自由的手段强迫劳动者劳动的，或者用人单位违章指挥、强令冒险作业危及劳动者人身安全的。

在上述情况下，劳动者的合法权益都受到了严重的侵害，劳动者可以随时解除劳动合同，不必提前一个月通知用人单位，也不必取得用人单位的同意。

法律依据

《劳动合同法》第 17 条："劳动合同应当具备以下条款：

（一）用人单位的名称、住所和法定代表人或者主要负责人；

（二）劳动者的姓名、住址和居民身份证或者其他有效身份证件号码；

（三）劳动合同期限；

（四）工作内容和工作地点；

（五）工作时间和休息休假；

（六）劳动报酬；

（七）社会保险；

（八）劳动保护、劳动条件和职业危害防护；

（九）法律、法规规定应当纳入劳动合同的其他事项。

劳动合同除前款规定的必备条款外，用人单位与劳动者可以约定试用期、培训、保守秘密、补充保险和福利待遇等其他事项。"

《劳动合同法》第 38 条："用人单位有下列情形之一的，劳动者可以解除劳动合同：

（一）未按照劳动合同约定提供劳动保护或者劳动条件的；

（二）未及时足额支付劳动报酬的；

（三）未依法为劳动者缴纳社会保险费的；

（四）用人单位的规章制度违反法律、法规的规定，损害劳动者权益的；

（五）因本法第二十六条第一款规定的情形致使劳动合同无效的；

（六）法律、行政法规规定劳动者可以解除劳动合同的其他情形。

用人单位以暴力、威胁或者非法限制人身自由的手段强迫劳动者劳动的，或者用人单位违章指挥、强令冒险作业危及劳动者人身安全的，劳动者可以立即解除劳动合同，不需事先告知用人单位。"

48 企业管理人员强令职工冒险作业怎么办？

典型事例

1995 年 8 月 10 日，某乡镇煤矿职工吴某等六人就不服从管理人员强令他们冒险作业被扣发工资、奖金一事向当地劳动争议仲裁委员会提出申诉。仲裁委员会受理此案后，经调查发现：1995 年 6 月 8 日，该煤矿露天矿场爆破时，共打炮眼 8 个，但装药引爆时只响了 6 个，剩下两个炮眼未爆。10 分钟后，管理人员认为这两个炮眼是瞎炮，不会有事，即令吴某等 6 人进入采矿面作业。吴某等 6 人坚持必须排除瞎炮后才能工作，一直未进采矿面采矿。为此，矿领导以吴某等 6 人未完成当天采煤任务为由扣发每人当天工资和当月奖金 650 元。仲裁委员会认为，煤矿在未排除瞎炮的情况下让工人进入采矿面作业违反劳动法规，吴某等6人未完成当天采煤任务系因险情未除，不负有责任，裁决煤矿补发吴某等6人工资、奖金650元，并赔偿经济损失。

法津分析

该乡镇煤矿管理人员强令工人冒险作业是严重违反劳动安全卫生法规的行为，被职工拒绝后又以未完成当天生产任务为由扣发工资和奖金，更是明显的侵权。根据《劳动合同法》的规定，用人单位有下列情形之一的，依法给予行政处罚；构成犯罪的，依法追究刑事责任；给劳动者造成损害的，应当承担赔偿责任：①以暴力、威胁或者非法限制人身自由的手段强迫劳动的；②违章指挥或者强令冒险作业危及劳动者人身安全的；③侮辱、体罚、殴打、非法搜查或者拘禁劳动者的；④劳动条件恶劣、环境污染严重，给劳动者身心健康造成严重损害的。《劳动法》对强令冒险作业也作出了规定：劳动者对用人单位管理人员违章指挥、强令冒险作业，有权拒绝执行。每个职工都有权制止任何违章作业，并拒绝任何人违章指挥；在工作地点威胁生命安全或有毒有害时，有权立即停止工作，撤到安全地点；在危险没有排除，仍不能保证人身安全时，有权拒绝工作。在此情况下煤矿应照发工资。发生瞎炮，必须在班组长指导下及时进行处理，在没有处理完毕前，不准从事与处理瞎炮无关的工作。

而本案中，煤矿管理人员公然违反上述规定，在没有排除瞎炮，工作面仍存在险情的情况下，强令工人进入采矿面作业，是十分错误的。当职工行使保护自己安全权利时，该煤矿领导又以未完成采煤任务为由扣发职工的工资和奖金，更是错上加错。"安全第一"是生产劳动过程中必须遵循的基本原则和基本方针。生产必须安全，安全才能促进生产。本案中反映的问题在一些乡镇企业带有普遍性，这些企业的领导法制观念淡薄、规章制度不落实、瞎指挥等问题严重存在，屡禁不止。他们只想赚钱，不改善职工的劳动条件，有的甚至连基本的劳动保护设施都没有，让职工整天在险情下作业，这是导致企业中发生事故的重要原因之一。对此，必须引起重视，坚决予以纠正。有些职工迫于某种压力不顾安危，冒险作业，这也是错误的。应当像本案中吴某等 6 人那样，坚持原则，遵守制度，安全生产，用法律武器维护自己的合法权益。当发生用人单位强令职工冒险作业的情况时，我们可以向劳动行政部门反映情况由其责令企业限期改正，也可以向劳动仲裁委员会申请仲裁，对仲裁不服的还可以向法院起诉。

法律依据

《劳动合同法》第 88 条："用人单位有下列情形之一的，依法给予行政处罚；构成犯罪的，依法追究刑事责任；给劳动者造成损害的，应当承担赔偿责任：

（一）以暴力、威胁或者非法限制人身自由的手段强迫劳动的；

（二）违章指挥或者强令冒险作业危及劳动者人身安全的；

（三）侮辱、体罚、殴打、非法搜查或者拘禁劳动者的；

（四）劳动条件恶劣、环境污染严重，给劳动者身心健康造成严重损害的。"

《劳动法》第 56 条："劳动者在劳动过程中必须严格遵守安全操作规程。

劳动者对用人单位管理人员违章指挥、强令冒险作业，有权拒绝执行；对危害生命安全和身体健康的行为，有权提出批评、检举和控告。"

49 企业变更法定代表人后能随意违背原劳动合同吗?

典型事例

赵某在成人教育学院学习期间与公司签订了五年劳动合同。因赵某所学专业是人事管理,所以在合同中约定,公司在赵某学习毕业后安排专业对口的工作。2000 年赵某从成人教育学院毕业后回到公司,此时由于公司更换了法定代表人,将赵某安排到公司下属一家企业当推销员。赵某要求公司按合同约定安排工作,而公司以合同是前任领导签订的为由,不同意赵某的要求。双方发生争议,赵某向劳动争议仲裁委员会提出申诉,要求公司履行劳动合同。赵某的要求能得到仲裁委员会的支持吗?

法津分析

根据《劳动合同法》的规定,依法订立的劳动合同具有约束力,用人单位与劳动者应当履行劳动合同约定的义务。用人单位变更名称、法定代表人、主要负责人或者投资人等事项,不影响劳动合同的履行。企业的法人代表是代表企业行使职权的主要负责人,其在劳动关系中的职务行为属于企业行为,而非代表其个人。只要企业法人资格不变,法定代表人无论如何变动,都不应影响企业享受权利和履行义务。

本案中,该公司前任领导作为企业的法人代表与劳动者签订的劳动合同,只要符合法律规定,即为有效的劳动合同,企业就应当履行合同规定的义务。该公司认为与赵某所签劳动合同是前任领导签字的,新任领导就可以不履行合同是没有法律依据的。这就是说,虽然企业法人代表改变了,但企业法人主体未发生变化,企业法人的权利义务也就未发生变化。因此,原劳动合同仍然有效，企业应当按照劳动合同的约定履行其对劳动者所承诺的义务，不履行即构成违约行为。当然，企业法人代表发生改变后，新任法人代表作为企业经营负责人，可能对企业的生产经营作重大调整，对人员使用作合理安排。在这种情况下，应当按照《劳动合同法》关于订立和变更劳动合同遵守平等自愿、协商一致的原则，与劳动者协商变更劳动合同的具体条款。如果双方协商变更劳动合同不能达成一致意见，企业因生产经营状况变化无法履行原合同时，可以解除劳动合同。如果企业生产经营者未发生变化，企业则应当履行原劳动合同义务。

法津依据

《劳动合同法》第 3 条："订立劳动合同，应当遵循合法、公平、平等自愿、协商一致、诚实信用的原则。

依法订立的劳动合同具有约束力，用人单位与劳动者应当履行劳动合同约定的义务。"

50 非法定鉴定部门鉴定工伤有效吗？

典型事例

被告贺某是原告莲花县某烟花材料有限责任公司的员工，2006 年 5 月 10 日，由于油压车间发生爆炸，造成被告多处骨折。2006 年 5 月 15 日原告对被告要求进行丧失劳动能力程度鉴定签署"同意按程序申报"的意见。2007 年 9 月 15 日，萍乡市劳动鉴定委员会做出鉴定结论，鉴定为"因工伤残七级"。2007 年 11 月 28 日，被告向莲花县劳动仲裁委员会申请劳动仲裁，仲裁机构按该鉴定结论做出仲裁裁决后，原告不服，向莲花县人民法院提起诉讼，并于 2008 年 4 月 28 日书面申请要求对被告伤残程度作重新鉴定。在法院审理过程中，双方当事人协商后选定江西省萍乡司法鉴定中心为鉴定机构进行重新鉴定，2008 年 5 月 26 日该机构做出"被鉴定者贺某，伤残程度九级"的结论。

法律分析

当事人自行协商选定的鉴定机构做出的劳动能力鉴定结论能否采信？答案是否定的。本案应采信萍乡市劳动鉴定委员会做出的鉴定结论。理由是根据法律法规定的规定，对工伤伤残的鉴定只能是法定机构即劳动鉴定委员会做出，当事人对鉴定有异议的，应当在收到鉴定结论之日起 15 日内向省级的劳动能力鉴定委员会申请重新鉴定。而莲花县某烟花材料有限责任公司未在收到鉴定结论后按程序向省级的劳动能力鉴定委员会提出重新鉴定。双方当事人选定的重新鉴定机构萍乡司法鉴定中心并非法定鉴定机构，其做出的鉴定结论不应采信，故应采信萍乡市劳动鉴定委员会做出的鉴定结论。

本案是一起工伤损害赔偿案件，根据《工伤保险条例》和《劳动法》的规定，工伤事故赔偿通常要经过工伤认定、劳动能力鉴定两个环节后，再由劳动仲裁机构进行仲裁，对仲裁不服的才可以向法院提起诉讼要求工伤保险待遇，而产生争议的关键就在劳动能力鉴定的这个环节上。鉴定结论直接关系到当事人的合法权益，对鉴定机构的选择，必须确定明确的原则，不能随意为之，否则势必造成裁判权行使上的混乱。根据我国《民事诉讼法》的规定，人民法院对专门性问题认为需要鉴定的，应当交由法定鉴定部门鉴定；没有法定鉴定部门的，由人民法院指定的鉴定部门鉴定。正确执行《民事诉讼法》，必须明确劳动鉴定委员会是否属于法定鉴定部门。《工伤保险条例》对劳动能力鉴定委员会依法对劳动者的伤残程度进行鉴定作了明确规定，劳动能力鉴定委员会即应属法定的鉴定部门。《工伤保险条例》明确规定，申请鉴定的单位或者个人对设区的市级劳动能力鉴定委员会做出的鉴定结论不服的，可以在收到该鉴定结论之日起15日内向省、自治区、直辖市劳动能力鉴定委员会提出再次鉴定申请。省、自治区、直辖市劳动能力鉴定委员会做出的劳动能力鉴定结论为最终结论。

因此，在审理工伤争议案件中，对于劳动者伤残程度问题，应当委托法定的鉴定部门劳动能力鉴定委员会进行鉴定，不应另行委托其他机构鉴定。此案中由萍乡劳动鉴定委员会做出的鉴定结论应该是合法有效的。

法津依据

《工伤保险条例》第23条："劳动能力鉴定由用人单位、工伤职工或者其近亲属向设区的市级劳动能力鉴定委员会提出申请，并提供工伤认定决定和职工工伤医疗的有关资料。"

《工伤保险条例》第26条："申请鉴定的单位或者个人对设区的市级劳动能力鉴定委员会做出的鉴定结论不服的，可以在收到该鉴定结论之日起15日内向省、自治区、直辖市劳动能力鉴定委员会提出再次鉴定申请。省、自治区、直辖市劳动能力鉴定委员会做出的劳动能力鉴定结论为最终结论。"

51 非从事本职工作而受伤害能否构成工伤？

典型事例

李某原系海安县某太阳能热水器厂（下称甲热水器厂）的销售员。2003年1月5日，李某以甲热水器厂的名义与东台市富东镇崔某订立经销协议，约定产品保修期为三年，出现制造上的缺陷或质量问题无偿退还，产品销售后由销售商负责修理。2004 年 1 月 20 日，李某送货到崔某处，崔某提出用户盛某的太阳能热水器有质量问题，要求李某到现场查看，李某即与崔某前往盛某家中。在检查热水器时，李某从二楼楼顶滑下受伤，经海安县中医院诊断为 T11 骨折伴截瘫。

同年 4 月 5 日，李某向海安县劳动和社会保障局（下称劳动局）申请工伤认定。6 月 17 日，劳动局在向甲热水器厂发出工伤认定限期举证告知书并经调查后，做出工伤认定决定书，认定李某在甲热水器厂工作期间，在客户盛某家确认热水器质量时从二楼屋顶摔下致伤为工伤。甲热水器厂不服该工伤认定决定，向海安县政府申请行政复议。7 月 25 日，海安县政府经复议做出了维持工伤认定决定的行政复议决定书。

法律分析

根据《工伤保险条例》的规定，职工在工作时间和工作场所内，因工作原因受到事故伤害的，应当认定为工伤。这里的工作原因与本职工作是两个不同的概念，前者的范围应当宽于后者。将工伤认定的情形界定为从事本职工作而受到的伤害，无疑是对工作原因作了限制的理解，并非立法本意。

本案中，各方当事人对李某在受到伤害时为甲热水器厂的工作人员均不持异议。作为甲热水器厂的销售人员，李某虽然没有修理已售出热水器的职责，但其在经销商提出用户反映已售出热水器存有质量问题时进行现场查看确认，显然是解决已售出热水器的售后服务问题，同时也是为了本单位的利益，因此而受伤当属行政法规所规定的工作原因所致。劳动和社会保障部门在对李某进行工伤认定时，应当着重考虑的因素是李某是否因工作原因受伤，至于其是否超越本身职责范围并不影响工伤事故性质的成立。甲热水器厂欲以李某超越销售员职责而否认工伤认定合法性的理由不应采纳。

法津依据

《工伤保险条例》第 14 条："职工有下列情形之一的，应当认定为工伤：

（一）在工作时间和工作场所内，因工作原因受到事故伤害的；

（二）工作时间前后在工作场所内，从事与工作有关的预备性或者收尾性工作受到事故伤害的；

（三）在工作时间和工作场所内，因履行工作职责受到暴力等意外伤害的；

（四）患职业病的；

（五）因工外出期间，由于工作原因受到伤害或者发生事故下落不明的；

（六）在上下班途中，受到非本人主要责任的交通事故或者城市轨道交通、客运轮渡、火车事故伤害的；

（七）法律、行政法规规定应当认定为工伤的其他情形。"

52 工作中被第三人打伤算工伤吗?

典型事例

2000 年底，山东男子王某受聘于晋江市某宾馆，任行政部经理一职。当时双方并没签订劳动合同。2001 年 1 月 5 日，即王某到此工作快 1 个月时，发生了这件事：当日凌晨 2 点，宾馆即将停止营业，王某便到 KTV 包厢劝告客人不要再玩。这引起陈某等人的不满，进而双方发生斗殴，在斗殴中陈某持啤酒瓶朝王某的头部砸去，啤酒瓶底破碎。后陈某又持破啤酒瓶朝王某的脸部猛刺，致王某面部等多处裂伤，左眼受伤，经治疗无光感。2002 年 7 月，晋江法院判决陈某犯故意伤害罪，判处有期徒刑 5 年。在此诉讼过程中，王某向法院提起附带民事诉讼，请求陈某赔偿他各种费用 20 万元，法院判决陈某应当赔偿王某 4 万余元。索赔与获赔数额相差甚远，王某该怎么办？

法律分析

《工伤保险条例》规定，在工作时间和工作场所内，因履行工作职责受到暴力等意外伤害的应当认定为工伤。王某在工作时间和工作地点因履行工作职责受到第三人的人身伤害，其情形符合上述法律规定，应当对王某认定工伤。

本案争议焦点在于王某的人身损害赔偿请求权与工伤事故赔偿请求权是否存在竞合的问题，他是否只能从中选一。

从本案中可以知道，王某是被用人单位以外的第三人（陈某）侵权造成人身损害而构成的工伤。那么，他对自己被殴打致残造成的经济损失有两种救济途径：一是，有权要求加害人陈某承担人身损害赔偿责任，赔偿其因被打受伤而造成的经济损失，他们之间的纠纷属于一般人身损害赔偿纠纷；二是，王某作为该宾馆的职工，在工作期间受伤，也有权要求宾馆承担工伤事故损害赔偿，两者之间存在的是工伤事故损害赔偿纠纷。

一般人身损害赔偿责任是一种过错责任，只要加害方存在过错，就应承担受害人的损失赔偿责任。工伤事故损害赔偿责任适用无过错责任，工伤赔偿适用的是"补偿性"的原则，即工伤保险赔偿是对劳动者因工伤而遭受实际损失的补偿。劳动者在生产过程中发生工伤事故而致残，无论用人单位或者劳动者是否存在过错，受到事故伤害的劳动者都可以根据《劳动法》及《工伤保险条例》的规定，要求得到工伤保险待遇，获得工伤赔偿。

一般人身损害赔偿与工伤事故损害赔偿的诉讼性质、法律依据不同，受害者要求用人单位以外的第三人即加害方承担人身损害赔偿后，仍有权要求用人单位予以工伤保险待遇，不存在两种请求权竞合的情形。因此，王某虽然在对陈某提起刑事附带民事诉讼中得到赔偿，但他认为陈某的赔偿数额少于其根据工伤保险规定应得的工伤保险赔偿金时，仍有权要求用人单位即该宾馆承担工伤保险赔偿责任，该宾馆应当对他的工伤承担相应的工伤保险赔偿责任。

法律依据

《工伤保险条例》第 14 条："职工有下列情形之一的，应当认定为工伤：

（一）在工作时间和工作场所内，因工作原因受到事故伤害的；

（二）工作时间前后在工作场所内，从事与工作有关的预备性或者收尾性工作受到事故伤害的；

（三）在工作时间和工作场所内，因履行工作职责受到暴力等意外伤害的；

（四）患职业病的；

（五）因工外出期间，由于工作原因受到伤害或者发生事故下落不明的；

（六）在上下班途中，受到非本人主要责任的交通事故或者城市轨道交通、客运轮渡、火车事故伤害的；

（七）法律、行政法规规定应当认定为工伤的其他情形。"

53 对私了工伤协议可以反悔吗？

典型事例|

孙某于 1993 年 4 月到某公司负责保卫工作，1997 年 4 月 15 日受伤，1998 年 10 月 29 日经当地劳动行政部门认定为因工负伤，1998 年 11 月经劳动鉴定委员会鉴定为致残四级，享受部分护理依赖。孙某受伤前月工资为 300 元，1998 年 12 月该公司未支付孙某当月的工资，之后双方私下达成协议：自 1999 年 1 月至 2001 年 2 月该公司按月给付孙某工资 400 元，以后每年年底给付奖金 4000 元，以后孙某不得再向公司主张工伤保险待遇。后孙某认为依据劳动政策法规其应该享受相应的工伤待遇，遂向公司提出工伤的待遇，公司以双方有协议为由拒绝给付孙某工伤待遇。因此，孙某向劳动争议仲裁委员会提请劳动仲裁，要求：单位按月给付伤残抚恤金及护理费；给付一次性伤残补助费。

法律分析|

这是一起因劳动者与用人单位私下达成解决工伤赔偿协议后，用人单位拒绝给付工伤待遇所引发的劳动争议案。国家法律规定，工伤保险实行无过错补偿金原则，即一旦被确定为工伤事故后，不论何种原因造成的，用人单位都应承担补偿责任。《劳动法》规定，劳动者依法享受工伤保险待遇。劳动者因工致伤或者患职业病应享受工伤保险待遇。工伤保险待遇是法律规定的由用人单位依法向工伤职工支付的保险待遇，用人单位拒绝支付是违法的。此案中双方虽然曾私下达成工伤赔偿协议，但是该协议是违反法律的强制性规定的，用人单位免除了自己的法定责任，同时排除了劳动者享受工伤保险待遇的权利，该条款严重损害了劳动者的合法权益，因而不具有法律效力。劳动者在单位拒付工伤待遇时，仍然可以在仲裁时效内向劳动争议仲裁委员会申请仲裁，主张自己的合法权益，即像孙某那样要求企业支付合法、合理的工伤待遇。

法律依据

《劳动法》第73条第1款："劳动者在下列情况下，依法享受社会保险待遇：

（一）退休；

（二）患病、负伤；

（三）因工伤残或者患职业病；

（四）失业；

（五）生育。"

《劳动合同法》第26条："下列劳动合同无效或者部分无效：

（一）以欺诈、胁迫的手段或者乘人之危，使对方在违背真实意思的情况下订立或者变更劳动合同的；

（二）用人单位免除自己的法定责任、排除劳动者权利的；

（三）违反法律、行政法规强制性规定的。

对劳动合同的无效或者部分无效有争议的，由劳动争议仲裁机构或者人民法院确认。"

54 仲裁调解适用于追缴社保费吗？

典型事例

某事业组织工勤人员聂某负责该单位的门卫工作，2005年6月，聂某因工资偏低向单位口头提出辞职，单位要求其写出书面申请后承诺给聂某1000元困难补助费。聂某按单位要求写出书面申请后向单位追索社会养老保险费和经济补偿金未果，便拒绝领取困难补助费，并向当地劳动争议仲裁机构申请仲裁。劳动争议仲裁机构受理后，经仲裁庭主持调解，双方协商达成调解协议：该事业组织一次性支付聂某社会养老保险费和经济补偿金等6000元，聂某不得再以此案事由提起诉讼。

法律分析

这个案子表面看似乎取得了"三赢"的结果：聂某得到了实惠，用工方减少了经济损失，仲裁机构化解了矛盾。其实这是一种执行法律的"打折扣"行为。

《劳动法》规定，用人单位和劳动者必须依法参加社会保险，缴纳社会保险费。此规定意思很明确，即双方都应该向国家缴纳社会保险费，不能错误地理解成是用工单位为劳动者个人缴纳，因为用工单位缴纳的大部分社保费是进入社会统筹的，只有少部分和劳动者个人缴纳的社保费记入了劳动者个人账户。这是一种社会义务，一旦单位用了人、劳动者谋了职，就应依法参加社会保险，缴纳社会保险费。因此，劳动者向单位追索自己的社会保险权利不是追索经济利益可以讲多讲少，并由单位直接补偿给个人。社会保险费只能交给国家，不能发给个人。由于《劳动法》颁布得较迟，对于在计划经济时期就已形成用工事实，但单位又没有及时依法为劳动者参加社会保险，且已有明文规定的不能向社保经办机构补缴的社会保险费补偿给个人另当别论。只有依法尽了社会义务，劳动者才会在达到法定退休年龄或其他规定的情形时享受社会保险待遇。这也是建立和谐社会的必然要求。

当然，此案仲裁机构可以对此解释为：仲裁调解是仲裁的前置必经程序，自己主持调解是依程序办事，而用工双方则是本着互谅原则心甘情愿化解争议。其实这是一种误解，仲裁立足调解为主是针对纯用工双方之间的争议内容而言的，社会保险不是纯双方劳动争议，它涉及国家利益，将社会保险费补偿给个人其实就是任凭社保基金流失。若是这种调解得到支持，将会纵容一些用工单位有意躲避为职工参加社会保险的行为。因此，对于劳动争议案件中劳动者向单位追索社会保险的仲裁请求不应进行仲裁调解，而是应直接进行仲裁裁决。

法律依据

《社会保险法》第 10 条第 1 款："职工应当参加基本养老保险，由用人单位和职工共同缴纳基本养老保险费。"

《劳动法》第 72 条第 2 句："用人单位和劳动者必须依法参加社会保险，缴纳社会保险费。"

55 劳动仲裁时效应从何时算起?

典型事例

张某于 2003 年 1 月 1 日经招聘进入某服装公司担任部门经理，双方签订了 2003 年 1 月 1 日至 2007 年 12 月 31 日的 5 年期劳动合同。2006 年 2 月公司接到员工举报，反映张某在外开办了一家与现公司具有竞争性质的公司，公司经调查证实后向张某指出，根据公司规章制度，一旦发现这种情况就根据规定予以解除合同。张某辩解无力，就丢下一句话："你们看着办吧"。公司 3 月底交给张某一式两份《人事通知书》，写明解除与张某的劳动合同，并要求张某签字，一份给张某，一份留存公司。张某在《人事通知书》上签字确认，并办理移交手续后就离开了公司。但公司人事经理却忘了给张某开具退工单，直至 2007 年 6 月初经张某催促，人事部才开具了退工单。2007 年 7 月底张某向区劳动争议仲裁委员会申请仲裁，以某服装公司无故辞退为由，要求其支付解除劳动合同的经济补偿金。

法律分析

本案的争议焦点是申请劳动仲裁时效究竟从何时计算？公司在向张某送达《人事通知书》后，张某就应当知道双方的劳动关系已经解除。如果对公司解除劳动合同的行为有异议，说明双方实际上已经产生了矛盾，张某完全可以凭借手中的《人事通知书》申请劳动仲裁。退工单仅仅是双方解除或终止劳动合同后办理退工手续产生的凭证，不是解除劳动合同的唯一凭证。本案张某在2006 年 3 月收到了公司出具的解除劳动合同的《人事通知书》，从这份文书的内容上应当知道双方的劳动关系已经解除。如果认为公司的这种行为侵犯了自己的权益，则从该日起就应"知道"，而且张某即可凭借手中的《人事通知书》申请劳动仲裁。解除劳动关系和办理退工手续是两回事。因此本案的劳动仲裁时效应从2006 年 3 月起算。依据《劳动争议调解仲裁法》规定，劳动争议申请仲裁的时效期间为一年。仲裁时效期间从当事人知道或者应当知道其权利被侵害之日起计算。张某于 2007 年 7 月申请仲裁，因超过仲裁时效，其仲裁请求将不予支持。不过，张某如果提出公司延误退工造成无法及时就业要求赔偿损失的请求，那就另当别论了。

现实生活中，很多用人单位并不像本案中某服装公司那样，会发一个解除劳动合同的书面通知，往往是今天员工还在上班，明天就一纸退工单辞退了员工。在这种情况下，退工单就是单位解除劳动合同的唯一凭证了。

法津依据

《劳动争议调解仲裁法》第27条："劳动争议申请仲裁的时效期间为一年。仲裁时效期间从当事人知道或者应当知道其权利被侵害之日起计算。

前款规定的仲裁时效，因当事人一方向对方当事人主张权利，或者向有关部门请求权利救济，或者对方当事人同意履行义务而中断。从中断时起，仲裁时效期间重新计算。

因不可抗力或者有其他正当理由，当事人不能在本条第一款规定的仲裁时效期间申请仲裁的，仲裁时效中止。从中止时效的原因消除之日起，仲裁时效期间继续计算。

劳动关系存续期间因拖欠劳动报酬发生争议的，劳动者申请仲裁不受本条第一款规定的仲裁时效期间的限制；但是，劳动关系终止的，应当自劳动关系终止之日起一年内提出。"

56 不服仲裁裁决能不能申请行政复议？

典型事例

职工李某因休息休假的问题与用人单位发生了劳动争议，当地的劳动争议仲裁委员会认为企业的行为无不当之处，遂裁定对李某的仲裁申请不予支持。李某不服，考虑到如果向当地的人民法院起诉要交纳诉讼费，便没有立即向法院起诉。正在犹豫不决时，李某看到了一份《行政复议法》的宣传材料。李某想：既然行政复议不收费，何不去试一试呢？接到李某的行政复议申请后，某劳动保障部门经过认真的审查做出了不予受理的决定，并向李某发出了《劳动保障行政复议不予受理通知书》。

法律分析

要分析为什么劳动保障部门没有受理李某的行政复议申请，首先要明确什么是行政复议。行政复议是指公民、法人和其他组织不服行政机关所作出的具体行政行为向行政机关或其上一级行政机关提出申诉，受理的行政机关对其做出裁决的活动。从上述定义不难看出，申请行政复议的前提是行政机关和具体行政行为的存在。

那么，劳动争议仲裁委员会是不是行政机关？其仲裁裁决是不是具体行政行为呢？根据《劳动法》的规定，劳动争议仲裁委员会由劳动行政部门、同级工会代表、用人单位方面的代表组成；劳动争议仲裁委员会主任由劳动行政部门代表担任。劳动争议仲裁委员会是国家授权依法设立的，代表国家行使仲裁权并由国家强制力保证其生效裁决实施，三方联合处理劳动争议的准司法性的国家仲裁机构。因此，虽然劳动争议仲裁委员会中有劳动保障部门的代表，虽然其主任由劳动保障部门的代表担任，虽然其办事机构设在劳动保障部门，但是可以肯定地说，劳动争议仲裁委员会不是行政机关。另外需要明确的是，劳动争议仲裁委员会的仲裁裁决不属于具体行政行为。具体行政行为是指行政机关在法定职权范围内，对特定人、特定事务所进行的直接对其权利义务发生影响的行为。虽然劳动争议仲裁委员会的裁决是针对特定人、特定事做出的，其对当事人权利义务的影响也是可以肯定的，但是由于劳动争议仲裁委员会是仲裁机构而非行政机关，其仲裁裁决不能被认为是具体行政行为。

根据上述分析和《行政复议法》关于受案范围的规定，劳动保障部门对李某的行政复议申请决定不予受理是正确的。在劳动保障行政复议的实践中我们经常碰到这样的情况，即当事人认为行政复议不收费不妨试一试，即使不能通过复议解决问题，也不会给自己造成什么损失。在这里我们提醒大家，在申请行政复议前，一定要弄清楚您所不服的行为是否是行政机关的具体行政行为，是否在《行政复议法》规定的受案范围之列。如果不弄清楚这一点，是有可能给自己带来损失的。

以本案为例，按照《劳动法》的规定，劳动争议当事人对仲裁裁决不服的，可以自收到仲裁裁决书之日起 15 日内向人民法院起诉。李某没有依法向人民法院起诉，而是尝试提起行政复议，行政复议的提出以及复议机关的审查决定都需要一个过程，需要一定的时间做保证。如果这一过程超过了 15 日，势必影响到劳动争议当事人的诉讼权。总之，各种争议的解决都要依法定程序，在法定权限范围内进行，当事人了解这一点才能及时、正确地解决争议，维护自己的合法权益。

法津依据

《劳动法》第 81 条规定："劳动争议仲裁委员会由劳动行政部门、同级工会代表、用人单位方面的代表组成。劳动争议仲裁委员会主任由劳动行政部门代表担任。"

57 发生劳动争议可否直接向法院起诉?

典型事例

1995 年 1 月，某化工厂雇用 50 名工人，对其生产的香皂进行手工包装。双方签订了一份书面劳动合同。合同中规定，合同有效期为 2 年，从 1995 年 1 月至 1996 年 12 月，月工资 220 元。同年 6 月，厂里采纳了技术科的建议，决定购买香皂包装机械，实行自动化，这样不仅能够提高工作效率，从长远来看还节约资金。同年 11 月 25 日，香皂包装机械运到化工厂并开始安装调试。厂里书面通知 50 名雇工,不久香皂包装机械就要投入使用,希望他们能够及时重新联系工作,双方签订的合同只能履行 1 年,1996 年 1 月全部雇工应离开化工厂,厂里对此表示歉意,愿意再给每人 1 个月的工资作为补偿。接到厂里的通知后,这 50 名工人中当即就有人表示反对。厂里多次派人与这批工人协商也没有达成一致意见。1997 年 1 月,化工厂宣布劳动合同解除,每位工人多发 1 个月工资 220 元,同时每人再发 50 元过节。刘某等十几名工人由于未联系到工作,要求继续留在化工厂工作,但遭到拒绝。他们就向法院起诉,要求保护他们的合法权益。法院认为劳动争议应先行仲裁,便告诉他们先到劳动争议仲裁委员会申请仲裁,对仲裁裁决不服的,才可以向法院起诉。

法津分析

法院对于刘某等人起诉的处理是正确的。《劳动法》第 79 条规定,劳动争议发生后,当事人可以向本单位劳动争议调解委员会申请调解;调解不成,当事人一方要求仲裁的,可以向劳动争议仲裁委员会申请仲裁。当事人一方也可以直接向劳动争议仲裁委员会申请仲裁,对仲裁裁决不服的,可以向人民法院提起诉讼。可见,仲裁是劳动争议处理的必经程序,只有不服仲裁裁决的,才可以向人民法院起诉。所谓劳动争议是指劳动者与用人单位之间因执行劳动法律、法规和履行劳动合同、集体合同所发生的争执。根据法律规定,劳动争议当事人对仲裁裁决不服的,可以自收到仲裁裁决书之日起 15 日内向人民法院提起诉讼。一方当事人在法定期限内不起诉又不履行仲裁裁决的,另一方当事人可以申请人民法院强制执行。

此外,化工厂解除合同是合法的。《劳动合同法》第 41 条第 1 款规定,劳动合同订立时所依据的客观情况发生重大变化,致使原劳动合同无法履行，经当事人协商不能就变更合同达成协议的，用人单位可以解除劳动合同，但是应当提前 30 日向劳动者说明情况。本案中，合同订立时，化工厂并没有购买香皂包装机械，而到 1996 年底，化工厂不仅购买而且已安装调试了香皂包装机械，使得化工厂需人工包装香皂的情况不存在了，可以说"劳动合同订立时所依据的客观情况发生重大变化"。为此厂里书面通知工人，并和工人多次进行协商，在未能成达一致的情况下，化工厂是可以解除劳动合同的，但是应当给予工人适当的经济补偿。《劳动合同法》规定，劳动合同订立时所依据的客观情况发生重大变化而解除劳动合同的，用人单位应当按照国家有关规定给予经济补偿，每工作满一年支付一个月工资的经济补偿金。本案中，所雇工人在化工厂工作一年，因此化工厂发给每人一个月的经济补偿也是合法的。

法津依据

《劳动法》第 79 条："劳动争议发生后，当事人可以向本单位劳动争议调解委员会申请调解；调解不成，当事人一方要求仲裁的，可以向劳动争议仲裁委员会申请仲裁。当事人一方也可以直接向劳动争议仲裁委员会申请仲裁，对仲裁裁决不服的，可以向人民法院提起诉讼。"

《劳动法》第 83 条："劳动争议当事人对仲裁裁决不服的，可以自收到仲裁裁决书之日起十五日内向人民法院提起诉讼。一方当事人在法定期限内不起诉又不履行仲裁裁决的，另一方当事人可以申请人民法院强制执行。"

《劳动合同法》第 41 条第 1 款："有下列情形之一，需要裁减人员二十人以上或者裁减不足二十人但占企业职工总数百分之十以上的，用人单位提前三十日向工会或者全体职工说明情况，听取工会或者职工的意见后，裁减人员方案经向劳动行政部门报告，可以裁减人员：

（一）依照企业破产法规定进行重整的；

（二）生产经营发生严重困难的；

（三）企业转产、重大技术革新或者经营方式调整，经变更劳动合同后，仍需裁减人员的；

（四）其他因劳动合同订立时所依据的客观经济情况发生重大变化，致使劳动合同无法履行的。"

《劳动合同法》第46条："有下列情形之一的，用人单位应当向劳动者支付经济补偿：

（一）劳动者依照本法第三十八条规定解除劳动合同的；

（二）用人单位依照本法第三十六条规定向劳动者提出解除劳动合同并与劳动者协商一致解除劳动合同的；

（三）用人单位依照本法第四十条规定解除劳动合同的；

（四）用人单位依照本法第四十一条第一款规定解除劳动合同的；

（五）除用人单位维持或者提高劳动合同约定条件续订劳动合同，劳动者不同意续订的情形外，依照本法第四十四条第一项规定终止固定期限劳动合同的；

（六）依照本法第四十四条第四项、第五项规定终止劳动合同的；

（七）法律、行政法规规定的其他情形。"

《劳动合同法》第47条第1款："经济补偿按劳动者在本单位工作的年限，每满一年支付一个月工资的标准向劳动者支付。六个月以上不满一年的，按一年计算；不满六个月的，向劳动者支付半个月工资的经济补偿。"

58 | 计件工资如何计算加班工资？ •

典型事例

李某在一家私营服装企业从事缝纫工作，公司对缝纫岗位实行的是综合计算工时工作制和计件工资制度，规定职工轮班作业，每做好一件服装发给工资 20 元。李某一般每月工资为 1200 元左右，效率高时可以得到 1600 元左右。2008 年 3 月，公司由于需要赶制一批时装，在李某已经达到规定的工作时间的情况下，经与工会和职工本人协商，安排李某等人在休息日加班。过后，公司以李某每月工资 1200 元为基数，折算出其平均小时工资标准，并据此向其发放加班工资。李某觉得公司的做法不合理，因为在加班期间，她急公司之所急，工作十分努力，工作效率与平时最高相仿，因此她认为公司应该以每月 1600 元为基数计算加班工资，或者至少以平均月工资 1400 元为基数。为此，李某向有关机构咨询，希望了解公司的做法是否合理，应该如何确定她的加班工资计算基数。

法律分析

公司的做法是否合理，应该如何确定李某的加班工资计算基数？关于计算加班加点工资的基数问题，《工资支付暂行规定》第 13 条作了明确规定，实行计时工资制度的岗位，计算和支付加班工资的基数为劳动合同约定的劳动者本人日或小时工资标准。实行计件工资的劳动者，在完成计件定额任务后，由用人单位安排延长工作时间的，应分别按照不低于其本人法定工作时间计件单价的 150%、200%、300% 支付其工资。

李某所在公司对李某实行的是计件工资制度，但是在发放加班工资时，却改为按照计时工资制度计算，已是错误；而且在确定计算基数时，不顾李某工作效率的实际情况，以其效率较低时的工资收入为基数，变相减少其加班工资，更是错上加错。正确的做法是，根据李某在加班期间的实际产量，按照计件单价每件20元的200%的标准，向其支付加班工资。

法 律依据

《工资支付暂行规定》第13条："用人单位在劳动者完成劳动定额或规定的工作任务后，根据实际需要安排劳动者在法定标准工作时间以外工作的，应按以下标准支付工资：

（一）用人单位依法安排劳动者在日法定标准工作时间以外延长工作时间的，按照不低于劳动合同规定的劳动者本人小时工资标准的150%支付劳动者工资；

（二）用人单位依法安排劳动者在休息日工作，而又不能安排补休的，按照不低于劳动合同规定的劳动者本人日或小时工资标准的200%支付劳动者工资；

（三）用人单位依法安排劳动者在法定休假节日工作的，按照不低于劳动合同规定的劳动者本人日或小时工资标准的300%支付劳动者工资。

实行计件工资的劳动者，在完成计件定额任务后，由用人单位安排延长工作时间的，应根据上述规定的原则，分别按照不低于其本人法定工作时间计件单价的150%、200%、300%支付其工资。

经劳动行政部门批准实行综合计算工时工作制的，其综合计算工作时间超过法定标准工作时间的部分，应视为延长工作时间，并应按本规定支付劳动者延长工作时间的工资。

实行不定时工时制度的劳动者，不执行上述规定。"

59 一起工伤能否两份赔偿？

典型事例

张某于 2007 年 11 月从广西到重庆务工，在一家运输公司工作，虽然公司同张某签有劳动合同，但公司一直都没有为张某缴纳工伤保险。2008 年 3 月，张某随公司货车到江西送货，到达目的地后，案外人崔某无证驾驶该货车倒车卸货时不慎将张某撞死。2008 年 4 月，张某的妻子和儿子以交通事故损害赔偿为由，向事故发生地法院提起诉讼，将案外人崔某、该车驾驶员、该车实际所有权人、被挂靠单位及保险公司告上法院，要求 5 名被告共同承担其各类损失 50 万余元。同时，张某的妻子又以工伤赔偿为由，向重庆某区劳动争议仲裁委员会申诉，要求运输公司支付丧葬补助金、因工死亡补助金和供养亲属抚恤金等 20.33 万元。2008 年 5 月，仲裁委员会裁决运输公司应支付丧葬补助金、因工死亡补助金和供养亲属抚恤金等共计 14.16 万余元。运输公司不服裁决，认为这起事故只造成了张某死亡这一个伤害结果，而死者家属却要求获得两次赔偿，即交通事故赔偿和工伤赔偿，该请求缺乏法律依据，因此请求法院判令不支付张某妻子、儿子有关工伤赔偿的请求。

法律分析

此案主要存在两个法律问题。

1. 在劳动过程中被第三人伤害，是否能同时获得工伤保险赔偿和民事损害赔偿？

工伤保险赔偿是劳动者在因工伤残或患职业病伤害后获得救治和经济补偿，以及对因工死亡职工亲属进行抚恤而建立起来的一种社会保障关系，是劳动者依据宪法和劳动法律法规所享有的一项基本权利，其显著的特点是事故后的社会保障性。而人身损害赔偿是指因故意或过失的不法行为侵害他人权利，导致损害后果，行为人应给予赔偿的民事法律关系，显著的特点是对受害者的补偿和对加害者的惩罚。在工伤保险赔偿和民事损害赔偿关系方面，我国法律并没有采纳"择一选择"，即在前述两者之间选择其中一种方式就排除另一种方式的适用模式。从现有条款看，相关司法解释在工伤保险赔偿和民事损害赔偿如何协调问题上，肯定了受害人对侵权第三人有独立的赔偿请求权，同时并没有否定受害人获得工伤赔偿的权利，因此两者目前在法律上是并行不悖的，故张某的妻子可以获得两份赔偿。

2. 企业不缴纳工伤保险，发生工伤后由谁来承担责任？

本案中的张某虽系外来务工人员，但这不能成为企业不为其缴纳工伤保险的理由，根据国家及有关法律规定，外来务工人员也应当缴纳工伤保险，如果不为员工缴纳，发生事故后，企业必须按照《工伤保险条例》的规定来承担责任。

法 律依据

《工伤保险条例》第14条："职工有下列情形之一的，应当认定为工伤：

（一）在工作时间和工作场所内，因工作原因受到事故伤害的；

（二）工作时间前后在工作场所内，从事与工作有关的预备性或者收尾性工作受到事故伤害的；

（三）在工作时间和工作场所内，因履行工作职责受到暴力等意外伤害的；

（四）患职业病的；

（五）因工外出期间，由于工作原因受到伤害或者发生事故下落不明的；

（六）在上下班途中，受到非本人主要责任的交通事故或者城市轨道交通、客运轮渡、火车事故伤害的；

（七）法律、行政法规规定应当认定为工伤的其他情形。"

《社会保险法》第41条："职工所在用人单位未依法缴纳工伤保险费，发生工伤事故的，由用人单位支付工伤保险待遇。用人单位不支付的，从工伤保险基金中先行支付。

从工伤保险基金中先行支付的工伤保险待遇应当由用人单位偿还。用人单位不偿还的，社会保险经办机构可以依照本法第六十三条的规定追偿。"

《工伤保险条例》第62条："用人单位依照本条例规定应当参加工伤保险而未参加的，由社会保险行政部门责令限期参加，补缴应当缴纳的工伤保险费，并自欠缴之日起，按日加收万分之五的滞纳金；逾期仍不缴纳的，处欠缴数额1倍以上3倍以下的罚款。

依照本条例规定应当参加工伤保险而未参加工伤保险的用人单位职工发生工伤的，由该用人单位按照本条例规定的工伤保险待遇项目和标准支付费用。

用人单位参加工伤保险并补缴应当缴纳的工伤保险费、滞纳金后，由工伤保险基金和用人单位依照本条例的规定支付新发生的费用。"

60 用人单位可以与劳动者约定违约金条款吗？

典型事例

2006 年 7 月 5 日，天虹公司与徐刚签订《协议书》1 份，双方约定：天虹公司聘用徐刚为技术总监，合同期限为 2006 年 7 月 5 日至 2011 年 7 月 4 日，徐刚的年薪为 8 万元；徐刚保证两年内天虹公司生产的产品均达到国家相应产品标准，如违约应支付天虹公司 40 万元违约金。2007 年 7 月，天虹公司发生产品质量事故。2007 年 9 月 1 日，徐刚出具《事故报告》，陈述愿承担相应的事故责任。2008 年 1 月 15 日，徐刚以不适应环境、工资未按月发放为由提出辞职。同日，天虹公司以徐刚在担任公司副总经理（分管生产技术、品质、设备）期间严重失职，使公司蒙受重大经济损失为由，要求其支付 40 万元的违约金。2008 年 1 月 16 日，双方解除劳动关系，天虹公司尚欠徐刚工资 41200 元。2008 年 1 月 29 日，徐刚以天虹公司欠发工资为由，向长兴县劳动争议仲裁委员会申请劳动仲裁。天虹公司以徐刚未履行合同约定，给其造成损失为由，提出要求徐刚支付违约金的反申请。

法律分析

在现实经济生活中，用人单位出于自身经济利益考虑，为达到对劳动者高效管理的目的，往往在双方缔结劳动合同时约定，劳动者如出现违约情况，则需承担高额的违约金。常见的情形是合同中约定，劳动者如提前解除劳动合同或者劳动者未能完成相应工作任务，要求劳动者承担巨额违约金。针对这种情况，《劳动合同法》明确规定，除法定情形以外，用人单位不得与劳动者约定由劳动者承担违约金。其立法主旨是为了纠正劳动者在订立劳动合同时的弱势地位，保障劳动者具有的一定程度的就业自由。按照该法的规定，劳动者应当承担违约金的情形只有两种。

1. 用人单位与劳动者约定服务期的。用人单位为劳动者提供专项培训费用，对其进行专业技术培训的，可以与该劳动者订立协议，约定服务期。劳动者违反服务期约定的，应当按照约定向用人单位支付违约金。违约金的数额不得超过用人单位提供的培训费用。用人单位要求劳动者支付的违约金不得超过服务期尚未履行部分所应分摊的培训费用。用人单位与劳动者约定服务期的，不影响按照正常的工资调整机制提高劳动者在服务期期间的劳动报酬。

2. 负有保密义务的劳动者。用人单位与劳动者可以在劳动合同中约定保守用人单位的商业秘密和与知识产权相关的保密事项。

对负有保密义务的劳动者，用人单位可以在劳动合同或者保密协议中与劳动者约定竞业限制条款，并约定在解除或者终止劳动合同后，在竞业限制期限内按月给予劳动者经济补偿。劳动者违反竞业限制约定的，应当按照约定向用人单位支付违约金。

竞业限制的人员限于用人单位的高级管理人员、高级技术人员和其他负有保密义务的人员。竞业限制的范围、地域、期限由用人单位与劳动者约定，竞业限制的约定不得违反法律、法规的规定。

在解除或者终止劳动合同后，竞业限制的人员到与本单位生产或者经营同类产品、从事同类业务的有竞争关系的其他用人单位，或者自己开业生产或者经营同类产品、从事同类业务的竞业限制期限，不得超过两年。

除以上两种情形之外，用人单位无权要求劳动者支付违约金，即使双方在劳动合同中对违约金作了明确约定，也因该约定违反《劳动合同法》第 25 条的强制性规定而归于无效。本案中，天虹公司与徐刚在签订劳动合同时，虽明确约定了徐刚应在两年内生产出达到国家相应标准的产品及违约应支付相应违约金，但由于该约定违反了法律的强制性规定，对双方不具有约束力，所以天虹公司无权要求徐刚支付违约金。

法津依据

《劳动合同法》第 25 条："除本法第二十二条和第二十三条规

定的情形外，用人单位不得与劳动者约定由劳动者承担违约金。"

61 连签二次劳动合同，就必签无固定期合同吗？

典 型事例

王某自 2004 年 8 月来到大祥文化服务公司工作，双方签订了两年期限的劳动合同，2005 年、2007 年双方先后办理了二次续订同期限劳动合同的手续，合同至 2009 年 7 月止。2008 年 5 月，王某被提升为办公室主任，工资提高到每月 4500 元。2008 年 12 月公司进行年终考核，王某未能通过考核，被定为不能胜任工作。经过参加公司安排的培训，2009 年 2 月王某重新上岗。没过多久，王某在公司进行的半年度考核中再次被定为不能胜任工作，公司考虑到王某是老员工，且在工作期间未出现违纪行为，便没有做出解除劳动合同的决定。2009 年 6 月底，该文化服务公司提前 30 天向王某发出了终止劳动合同告知书，通知王某与公司签订的劳动合同于 2009 年 7 月 31 日期满终止不再续订，并要求王某按期办理工作交接手续，领取两个月工资的经济补偿。王某随即以连续两次续订为由提出续订无固定期限劳动合同，在遭到公司拒绝后，向劳动争议仲裁委员会提请了仲裁，要求恢复劳动关系，签订无固定期限劳动合同。劳动争议仲裁委员会最终裁决驳回了王某的请求。

法 律分析

1. 准确认识"连续订立二次"的起算时间。《劳动合同法》第 97 条规定，本法第 14 条第 2 款第 3 项规定连续订立固定期限劳动合同的次数，自本法施行后续订固定期限劳动合同时开始计算。本案中的王某虽然在 2005 年、2007 年连续二次办理了续订劳动合同手续，但并不符合《劳动合同法》中规定的计次时间，这也是劳动争议仲裁委员会驳回王某要求签订无固定期限劳动合同的原因所在。

虽然"连续订立二次固定期限劳动合同，就应签订无固定期合同"早已是老生常谈的问题，但由于劳动者维权意识的持续高涨，盲目提请劳动争议仲裁的事件仍然屡有发生，广大劳动者应该深刻理解"连续二次订立"的起算时间，以免给自己造成不必要的损失。

2. 符合法定起算时间，就必须签订无固定期合同吗？根据《劳动合同法》第 14 条第 2 款第 3 项的规定，劳动者有《劳动合同法》第 39、第 40 条第 1、第 2 项规定的情形的，即使已经是连续订立二次固定期限的劳动合同，也可以不签订无固定期限劳动合同。所以，在本案中，王某被文化服务公司考核评定为不能胜任工作，经过培训后，仍不能胜任工作的情况，也是不符合订立无固定期限劳动合同规定的。当然，企业也不能为了规避签订无固定期限劳动合同，就随意借用法律规定，无依据、无标准地以员工有上述情形为由，拒绝签订无固定期限劳动合同，否则会引火上身。

劳动者也应当认识到无固定期限的劳动合同并不是员工的"铁饭碗"，也是可以依法解除的劳动合同，《劳动合同法》强调的核心是劳动关系相对的稳定，而非绝对的稳定。

法 律依据

《劳动合同法》第 14 条："无固定期限劳动合同，是指用人单位与劳动者约定无确定终止时间的劳动合同。

用人单位与劳动者协商一致，可以订立无固定期限劳动合同。有下列情形之一，劳动者提出或者同意续订、订立劳动合同的，除劳动者提出订立固定期限劳动合同外，应当订立无固定期限劳动合同：

（一）劳动者在该用人单位连续工作满十年的；

（二）用人单位初次实行劳动合同制度或者国有企业改制重新订立劳动合同时，劳动者在该用人单位连续工作满十年且距法定退休年龄不足十年的；

（三）连续订立二次固定期限劳动合同，且劳动者没有本法第三十九条和第四十条第一项、第二项规定的情形，续订劳动合同的。

用人单位自用工之日起满一年不与劳动者订立书面劳动合同的，视为用人单位与劳动者已订立无固定期限劳动合同。"

《劳动合同法》第 97 条第 1 款："本法施行前已依法订立且在本法施行之日存续的劳动合同，继续履行；本法第十四条第二款第三项规定连续订立固定期限劳动合同的次数，自本法施行后续订固定期限劳动合同时开始计算。"

62 返聘人员上班路遇车祸，算工伤吗？

典型事例

某单位有一名返聘的退休技术人员，在上班途中发生了车祸，单位根据制度规定并考虑到该同志曾为单位做出过突出贡献，同意他在家休养两个月，并按月支付 80% 的工资。当他回单位销假上班时，拿着此次事故发生的医疗费用单据找到人力资源部，要求单位按工伤为其报销。该员工能算工伤吗？单位没有为其参加工伤保险，一定要支付他的工伤费用吗？

法 律分析

1. 该公司返聘的这位同志，在上班路上发生交通事故受伤，不属于工伤。因为该技术人员办理退休手续后，不再具有劳动法律调整的劳动者主体资格，其与单位签订的是劳务（聘用）协议，不是劳动合同，其与单位存在劳务关系，而非劳动关系，不在《劳动合同法》、《工伤保险条例》等劳动法律规定的调整范围内，不能依照《工伤保险条例》的认定条件来认定工伤。如该单位与该同志签订的"返聘协议"合法有效，那么双方所形成的民事法律关系为雇佣关系，双方发生异议应适用民事法律。

2. 关于该同志此次事故的费用是否应当由单位报销的问题，依据最高人民法院《关于审理人身损害赔偿案件适用法律若干问题的解释》的规定，雇员在从事雇佣活动中遭受人身损害，雇主应当承担赔偿责任。雇佣关系以外的第三人造成雇员人身损害的，赔偿权利人可以请求第三人承担赔偿责任，也可以请求雇主承担赔偿责任。雇主承担赔偿责任后，可以向第三人追偿。因此，该同志在上班途中发生交通事故受伤，应认定为从事雇佣工作中受到第三人的人身伤害，雇佣单位对该同志从事雇佣活动中受到的人身伤害，应当承担民事赔偿责任。

法 律依据

最高人民法院《关于审理人身损害赔偿案件适用法律若干问题的解释》第 11 条第 1 款："雇员在从事雇佣活动中遭受人身损害，雇主应当承担赔偿责任。雇佣关系以外的第三人造成雇员人身损害的，赔偿权利人可以请求第三人承担赔偿责任，也可以请求雇主承担赔偿责任。雇主承担赔偿责任后，可以向第三人追偿。"

63 谁为包工队员工伤亡担责？

典型事例

某装饰公司于 2007 年 10 月在北京市承接了新楼装修项目，根据需要，该公司将该项目的部分工作委托给一包工队完成，并于 2007 年 12 月与包工队队长王某签订了项目承包协议，协议明确约定了项目内容、质量保证、完工日期、协议总额等相关事项。2008 年 1 月 15 日，该包工队按协议进程规定，进行 5 号楼的楼层粉刷工作。工作期间，一名粉刷工出于好奇，将头探入该楼未封闭的电梯运行观察口向下观望，不幸被正在下行的电梯挫伤头部，包工队队长及几名工友立即将其送至附近医院抢救，终因抢救无效死亡。

事后死者家属要求包工队队长连同装饰公司赔偿死者抢救医疗费、丧葬费及家属精神损失费共计 60 万元。包工队队长表示：包工队是由民工自由组织而成的，是"有活聚，没活散"的临时务工队，并不是具有法人资质的经济组织，不能算是用人单位，此事故是死者自己原因造成的，包工队不应承担赔偿责任。装饰公司表示：装饰公司与包工队队长王某签订了承包协议，一切劳务费用款项直接支付给王某；死者是王某找来的，不是装饰公司员工，且未与公司订立书面劳动合同，工资也由王某支付，只是在施工地发生伤亡事故，与装饰公司毫无关系，公司不应承担任何赔偿责任。那么，谁该为包工队员工伤亡担责呢？

法律分析

1. 包工队员工因工伤亡，赔偿责任到底该由谁承担？要判定本案死者的赔偿责任该由谁承担，应从分析死者、包工队队长和装饰公司三者的相关法律关系入手。本案中，装饰公司与包工队队长于2007年12月签订了楼道粉刷承包协议，该协议的签订，使装饰公司与包工队队长建立了发包方与承包方的关系。该包工队队员均是队长王某为完成该项目专门招来的粉刷工，他们的工资由王某按月支付，粉刷工作完成，雇佣关系随即结束。由此，我们判定死者作为包工队中的一员，与包工队队长王某是被雇佣者和雇佣者的关系（临时雇佣关系）。

本案的队长王某作为承包方，属不具备用工主体资格的自然人，死者作为王某临时招用的粉刷工，在工程期内和工程地点，如发生伤亡事故，应由具备用工主体资格的发包方装饰公司承担用工主体责任，承担赔偿责任。这里的用工主体责任包括：签订合同、依法支付工资、工伤保险责任、其他社会保险责任等。

2. 死者家属能获得哪些赔偿金？根据《工伤保险条例》的规定，无营业执照或者未经依法登记、备案的单位的职工受到事故伤害或者患职业病的，由该单位向伤残职工或者死亡职工的直系亲属给予一次性赔偿，赔偿标准不得低于本条例规定的工伤保险待遇。

本案中，由于装饰公司未给死者缴纳相关社会保险费用，死者不能享受劳动社会保障部门给予的工伤待遇，其应享受的法定工伤待遇应由装饰公司承担。

3. 依据《工伤保险条例》第39条规定的职工因工死亡，直系亲属领取补助金的计算方法，装饰公司应支付下列赔偿：

（1）丧葬补助金：丧葬补助金为6个月的用人单位所在统筹地区上年度职工月平均工资。

（2）供养亲属抚恤金：供养亲属抚恤金按照职工本人工资的一定比例发给由因工死亡职工生前提供主要生活来源、无劳动能力的亲属。标准为：配偶每月40%，其他亲属每人每月30%，孤寡老人或者孤儿每人每月在上述标准的基础上增加10%。核定的各供养亲属的抚恤金之和不应高于因工死亡职工生前的工资。供养亲属的具体范围由国务院劳动保障行政部门规定。本案中，死者父母属于法定供养亲属且符合享受条件，应享受供养亲属抚恤金。

（3）一次性工亡补助金：一次性工亡补助金标准为上一年度全国城镇居民人均可支配收入的20倍。

另外，事故当天，死者被送至医院抢救所发生的相关医疗费用，也应由装饰公司一并承担。

最终，装饰公司应一次支付死者直系亲属赔偿金17万余元，并且此后每月向死者父母支付供养亲属抚恤金。

法律依据

《劳动合同法》第94条："个人承包经营违反本法规定招用劳动者，给劳动者造成损害的，发包的组织与个人承包经营者承担连带赔偿责任。"

劳动和社会保障部《关于确立劳动关系有关事项的通知》第4条："建筑施工、矿山企业等用人单位将工程（业务）或经营权发包给不具备用工主体资格的组织或自然人，对该组织或自然人招用的劳动者，由具备用工主体资格的发包方承担用工主体责任。"

《工伤保险条例》第66条第1款："无营业执照或者未经依法登记、备案的单位以及被依法吊销营业执照或者撤销登记、备案的单位的职工受到事故伤害或者患职业病的，由该单位向伤残职工或者死亡职工的近亲属给予一次性赔偿，赔偿标准不得低于本条例规定的工伤保险待遇；用人单位不得使用童工，用人单位使用童工造成童工伤残、死亡的，由该单位向童工或者童工的近亲属给予一次性赔偿，赔偿标准不得低于本条例规定的工伤保险待遇。具体办法由国务院社会保险行政部门规定。"

64 未及时续订劳动合同，劳动关系能否随时终止？

典型事例

小王 2004 年大学毕业后与北京宏成公司签订了为期 3 年的劳动合同，工作岗位为财务经理，约定岗位工资每月 4000 元。2007 年 6 月 30 日合同到期后，双方均没有提出续订劳动合同，但是一直保持劳动关系至 2007 年 10 月。2007 年 10 月 26 日，宏成公司准备缩减人员，发现小王的劳动合同到期后没有续签，就书面通知其双方的劳动关系将于 2007 年 10 月 31 日终止。小王经咨询劳动法专业人士后认为双方已经形成事实劳动关系，根据北京市的规定，双方至少还应签订为期一年的劳动合同；但宏成公司则认为双方当时没有劳动合同，可以随时终止劳动关系。双方对此无法达成一致意见。但后来宏成公司转变想法，愿意与小王续订一年的劳动合同，但以小王平时工作不努力为由，将其岗位调整为副经理，薪水降低 1000 元。小王不服，于 2007 年 11 月 13 日提起劳动争议仲裁，要求续订一年的劳动合同，岗位和薪水维持原水平不变。

法律分析

1. 未及时续订或终止劳动合同，劳动关系能否随时终止？本案是一个典型的在劳动合同期满以后，因没有及时续签而形成事实劳动关系的案例。对于事实劳动关系的终止，《劳动法》并没有明确的规定，此类案件只能根据地方立法的规定处理。在北京地区，企业对于这类事实劳动关系不具有绝对终止的权利。《北京市劳动合同规定》规定，劳动合同期限届满，因用人单位的原因未办理终止劳动合同手续，劳动者与用人单位仍存在劳动关系的，视为续延劳动合同，用人单位应当与劳动者续订劳动合同。当事人就劳动合同期限协商不一致的，其续订的劳动合同期限从签字之日起不得少于一年。在本案中，宏成公司认为双方当时没有续订劳动合同，可以随时终止双方的劳动关系，显然和法律相冲突。依据上述法律规定，宏成公司应当和小王签订至少为期一年的劳动合同。

2. 员工不能胜任工作，单位就可随意解雇吗？根据单位的抗辩，本案还涉及一个因员工不能胜任工作而解除劳动合同的问题。首先，单位对员工不能胜任工作的抗辩没有提供任何合法有效的证据，所以要依法承担举证不能的后果。其次，即使单位提供了员工不能胜任工作的证据，也不能随便解雇员工，因为《劳动合同法》第40条规定，"劳动者不能胜任工作，经过培训或者调整工作岗位，仍不能胜任工作的"，用人单位才可以提前30日通知劳动者解除劳动合同并支付经济补偿金。所以员工因不能胜任工作而被解雇的前提是必须对员工进行培训或者调整工作岗位后仍然不能胜任，而不是任意解雇。

法 律依据

《北京市劳动合同规定》第45条规定："劳动合同期限届满，因用人单位的原因未办理终止劳动合同手续，劳动者与用人单位仍存在劳动关系的，视为续延劳动合同，用人单位应当与劳动者续订劳动合同。当事人就劳动合同期限协商不一致的，其续订的劳动合同期限从签字之日起不得少于一年。"

65　上下班途中自己摔倒是否算工伤？

典型事例

陈某是一名在磐安县城某公司工作的职工，今年 10 月 13 日早上，骑自行车去上班的陈某因雨天路滑，不慎摔倒导致腰部受伤。陈某认为自己是在上班途中摔伤的，应当认定为工伤，便向磐安工伤认定中心提交了申请。随后磐安工伤认定中心对其案情进行了调查，了解到陈某确系在 10 月 13 日早上摔伤腰部，其发生事故的地点靠近公司，但没有到达公司，位置为其住处到公司的必经之路上。

法律分析

依据《工伤保险条例》的规定，职工上下班途中，受到非本人主要责任的交通事故或城市轨道交通、客运轮渡、火车事故伤害申请认定工伤的，申请人需要提供公安交通管理部门或其他相关部门出具的交通事故认定书，且认定书中受伤职工承担的事故责任为同等责任、次要责任或不承担责任，这样才可以认定为工伤。

本案中，虽然陈某在上班途中受伤，但此次事故为陈某个人责任，并未受到非本人主要责任的交通事故伤害，且本人也无法提供事故认定证明，因此工伤认定中心对陈某提交的申请不应予以支持。

与此同时，最高人民法院《关于审理工伤保险行政案件若干问题的规定》第 6 条明确了人民法院应予支持的"上下班途中"四种认定情形：在合理时间内往返于工作地与住所地、经常居住地、单位宿舍的合理路线的上下班途中；在合理时间内往返于工作地与配偶、父母、子女居住地的合理路线的上下班途中；从事属于日常工作生活所需要的活动，且在合理时间和合理路线的上下班途中；在合理时间内其他合理路线的上下班途中。

法津依据

《工伤保险条例》第14条："职工有下列情形之一的，应当认定为工伤：

（一）在工作时间和工作场所内，因工作原因受到事故伤害的；

（二）工作时间前后在工作场所内，从事与工作有关的预备性或者收尾性工作受到事故伤害的；

（三）在工作时间和工作场所内，因履行工作职责受到暴力等意外伤害的；

（四）患职业病的；

（五）因工外出期间，由于工作原因受到伤害或者发生事故下落不明的；

（六）在上下班途中，受到非本人主要责任的交通事故或者城市轨道交通、客运轮渡、火车事故伤害的；

（七）法律、行政法规规定应当认定为工伤的其他情形。"

66 怎样理解"不能胜任工作"？

典型事例

王女士于2007年9月到北京某报社广告部从事制作、核版工作，并签订了2年固定期限劳动合同。2008年3月10日，报社与一家钟表公司签订了20万元的广告合作协议，客户要求在其报刊上刊登半版的钟表广告。王女士在对这项业务进行核版时，发现广告的版面设计大小与订单不符，遂要求制作人员进行修改，直至报刊开始印刷时，王女士发现广告版面的尺寸仍未修改过来。广告刊出后，钟表公司马上与报社进行交涉，报社只好将20万广告费退回并赔礼道歉。4月21日，报社经调查、研究，以王女士不能胜任工作为由，决定与她解除劳动合同，且不支付经济补偿。王女士认为，自己已经尽职，也指出了制作人员的工作错误，最终失误应与本人无关，且报社也没有具体的考核标准，不能认定自己为不胜任工作，不应与自己解除劳动合同，遂向劳动争议仲裁委员会提出了仲裁申请，要求报社继续履行与其签订的劳动合同。

法津分析

1. 怎样理解不能胜任工作？如何判定？劳动者不能胜任工作，是指劳动者不能按照要求完成劳动合同中约定的任务或者同工种、同岗位人员的工作量。用人单位不得故意提高劳动定额的标准，使劳动者无法完成劳动任务或者要求的工作量。劳动者是否胜任工作，可以通过以下步骤进行判定。

（1）以劳动合同中约定的工作任务、工作量为考核标准，进行初步的考核。合同中关于工作任务、工作量的条款应尽可能量化，形成等级、标准，以便于考核的实际操作。

（2）重点参考劳动者所在岗位的岗位说明书要求，判定是否胜任。需注意，企业应在岗位说明书中对岗位职责、任职要求进行具体、详细的描述。

（3）依靠完善的绩效考核制度，考核的方式方法要明确，考核结果要客观、公正，还要将结果告知劳动者。

本案中，报社未能提供王女士核版工作的职位说明书，且没有任何考核标准对其进行判定，因此，报社称王女士不胜任工作的说法不能得到法律的支持。

2. 因劳动者不能胜任工作而解除劳动合同，应履行怎样的程序？用人单位以劳动者不能胜任工作为由解除劳动合同，是指在劳动者没有过错或者只有轻微过错情况下，用人单位履行了特定的程序后，有权不经过劳动者同意就解除劳动合同，这属于非因劳动者过错解除劳动合同。

依据《劳动合同法》第40条第2项的规定，劳动者在试用期被证明不能胜任工作，可视为劳动者不符合录用条件；劳动者试用期满后，不能胜任劳动合同所约定的工作，用人单位应当对劳动者进行培训或者调整其工作岗位。如果劳动者经过一定时间的培训仍不能胜任原约定的工作，或者对重新安排的工作也不能胜任，说明劳动者缺乏履行劳动合同的能力，用人单位在提前30日以书面形式通知劳动者或者额外支付一个月工资后，可以解除劳动合同。

因此，在上述案件中，即使报社提供了证据证明王女士不能胜任工作，也不能直接与其解除劳动合同。报社还应当履行特定程序，例如，报社发现王女士不能胜任工作，应当先对其进行培训或调整岗位，待仍不能胜任工作时，报社提前30日通知王女士解除劳动合同，或者额外支付一个月的工资，使其做好准备寻找新工作。如不履行此程序，则属于违法解除劳动合同。依据《劳动合同法》第87条的规定，用人单位违反本法规定解除或者终止劳动合同的，应当依照本法第47条规定的经济补偿标准的二倍向劳动者支付赔偿金。

法律依据

《劳动合同法》第39条："劳动者有下列情形之一的，用人单位可以解除劳动合同：

（一）在试用期间被证明不符合录用条件的；

（二）严重违反用人单位的规章制度的；

（三）严重失职，营私舞弊，给用人单位造成重大损害的；

（四）劳动者同时与其他用人单位建立劳动关系，对完成本单位的工作任务造成严重影响，或者经用人单位提出，拒不改正的；

（五）因本法第二十六条第一款第一项规定的情形致使劳动合同无效的；

（六）被依法追究刑事责任的。"

《劳动合同法》第40条："有下列情形之一的，用人单位提前三十日以书面形式通知劳动者本人或者额外支付劳动者一个月工资后，可以解除劳动合同：

（一）劳动者患病或者非因工负伤，在规定的医疗期满后不能从事原工作，也不能从事由用人单位另行安排的工作的；

（二）劳动者不能胜任工作，经过培训或者调整工作岗位，仍不能胜任工作的；

（三）劳动合同订立时所依据的客观情况发生重大变化，致使劳动合同无法履行，经用人单位与劳动者协商，未能就变更劳动合同内容达成协议的。"

《劳动合同法》第87条："用人单位违反本法规定解除或者终止劳动合同的，应当依照本法第四十七条规定的经济补偿标准的二倍向劳动者支付赔偿金。"

67 未签订劳动合同，谁之过？

典型事例

韩某在北京某公司工程部当水暖工，劳动合同期限为2007年

4月3日至2008年4月2日。劳动合同到期后，韩某仍在该公司工作，双方未办理劳动合同续签手续。2008年12月22日，韩某提出辞职，双方的劳动关系解除。此后，韩某向北京市东城区劳动争议仲裁委员会申请仲裁，要求该公司向其支付解除劳动合同经济补偿金2300元，未签书面劳动合同的2倍工资差额及2008年9月份的工资。该公司不服，认为双方没有办理劳动合同续签手续的主要原因是韩某拒绝签订，故不同意支付未签订劳动合同的2倍工资差额9067.43元，但同意支付2008年9月的工资1104.51元。

法律分析

根据《劳动合同法》第3条的规定，订立劳动合同，应当遵循合法、公平、平等自愿、协商一致、诚实信用的原则。实践中，在用人单位与劳动者续订劳动合同时，也应当充分体现双方协商的过程，所以，续签劳动合同应当是用人单位与劳动者双方的责任，未签订劳动合同应当由形成未签订事实的过错一方来承担不利后果。

《劳动合同法实施条例》第6条规定："用人单位自用工之日起超过一个月不满一年未与劳动者订立书面劳动合同的，应当依照劳动合同法第八十二条的规定向劳动者每月支付两倍的工资，并与劳动者补订书面劳动合同；劳动者不与用人单位订立书面劳动合同的，用人单位应当书面通知劳动者终止劳动关系，并依照劳动合同法第四十七条的规定支付经济补偿。前款规定的用人单位向劳动者每月支付两倍工资的起算时间为用工之日起满一个月的次日，截止时间为补订书面劳动合同的前一日。"

上述法律规定分别对未依法签订劳动合同的两种情形做出了具体的约束和规范，为用人单位提供了处理依据和办法。对于用人单位过错，自用工之日起超过一个月不满一年未与劳动者订立书面劳动合同的，应当依法向劳动者支付双倍工资，并与劳动者补订书面劳动合同。对于劳动者过错，在用人单位通知其签订书面劳动合同的情况下，拒绝与用人单位办理签订手续的，用人单位应当书面通知劳动者终止劳动关系，并依法支付经济补偿。

本案中，公司在电话通知韩某办理劳动合同续签手续未果的情形下，应当立即书面通知韩某终止劳动关系，不应再继续使用韩某，使事实劳动关系存续。但该公司未能提供充分证据证明公司主动通知韩某办理劳动合同续签手续，无法举证韩某不与公司续签合同的情况，所以，应当承担用人单位未与劳动者订立书面劳动合同的法律责任，依法支付 2008 年 5 月 3 日至 2008 年 12 月 22 日未签订书面劳动合同的双倍工资差额。

法津依据

《劳动合同法》第 3 条第 1 款："订立劳动合同，应当遵循合法、公平、平等自愿、协商一致、诚实信用的原则。"

《劳动合同法实施条例》第 6 条第 1 款："用人单位自用工之日起超过一个月不满一年未与劳动者订立书面劳动合同的，应当依照劳动合同法第八十二条的规定向劳动者每月支付两倍的工资，并与劳动者补订书面劳动合同；劳动者不与用人单位订立书面劳动合同的，用人单位应当书面通知劳动者终止劳动关系，并依照劳动合同法第四十七条的规定支付经济补偿。"

68 外出打工把地荒，回乡还能继续耕种吗？

典型事例

2005 年，王某承包了村里的 2 亩耕地，承包期为 30 年。承包后，王某看到村里到外面打工的朋友能挣很多钱，于是，在 2008 年初，王某到广东某玩具厂打工，将他的承包地给抛荒了。金融危机爆发后，王某所在的玩具厂倒闭了，眼看在外面找不到合适的工作，王某打算继续回家种地。2009 年 6 月，王某回到村里，发现他的承包地被村委会收回并交本村黄某耕种。王某找到黄某想要回自己的承包地，而黄某以他与村委会已经签订承包合同为由不把地交给王某，王某不知道该如何是好。

法律分析

前些年，承包土地的所得不高，加上化肥、农药等价格不断上涨，导致很多农民将承包地抛荒，前往大城市打工。近几年，国家政策越来越好，很多像王某一样的人开始返乡。那么，此时我们回乡还能继续耕种原来的承包地吗？

根据相关法律的规定，村委会不得在承包期内收回或者调整我们在农村的承包地。但是，为了保护耕地和维护粮食安全，国家禁止农民对耕地进行抛荒。如果农民将耕地抛荒 2 年，则村委会有权收回耕地。

本案中，王某于 2008 年初将耕地抛荒，到 2009 年 6 月份回村重新耕种时，未届满 2 年。因此，村委会的行为是违反法律规定的。王某可以与村委会协商解决，也可以去法院状告村委会和黄某，请求确认村委会和黄某签订承包合同无效。

法律依据

《土地管理法》第 37 条第 3 款："承包经营耕地的单位或者个人连续二年弃耕抛荒的，原发包单位应当终止承包合同，收回发包的耕地。"

《农村土地承包法》第 32 条："通过家庭承包取得的土地承

包经营权可以依法采取转包、出租、互换、转让或者其他方式流转。"

《农村土地承包法》第51条："因土地承包经营发生纠纷的，双方当事人可以通过协商解决，也可以请求村民委员会、乡（镇）人民政府等调解解决。

当事人不愿协商、调解或者协商、调解不成的，可以向农村土地承包仲裁机构申请仲裁，也可以直接向人民法院起诉。"

最高人民法院《关于审理涉及农村土地承包纠纷案件适用法律问题的解释》第6条第1款："因发包方违法收回、调整承包地，或者因发包方收回承包方弃耕、撂荒的承包地产生的纠纷，按照下列情形，分别处理：

（一）发包方未将承包地另行发包，承包方请求返还承包地的，应予支持；

（二）发包方已将承包地另行发包给第三人，承包方以发包方和第三人为共同被告，请求确认其所签订的承包合同无效、返还承包地并赔偿损失的，应予支持。但属于承包方弃耕、撂荒情形的，对其赔偿损失的诉讼请求，不予支持。"

69 劳动者在什么情况下可以随时解除劳动合同？

典型事例

B公司招聘销售工作人员，黄小姐前往应聘，公司录用了黄小姐。双方签订劳动合同，其中约定：公司聘用黄小姐为销售工作人员，合同期限3年，B公司支付给黄小姐的工资由基本工资和提成工资两部分组成，基本工资于每月5日支付，提成工资于次月5日结算支付。合同签订后，黄小姐即开始上班工作。工作第一年期间，由于 B 公司的财务人员经常生病，营销业绩的统计经常脱期，基本工资和提成工资结算经常不能在约定日期前发放，有时甚至要拖延一个月才发。黄小姐对公司的管理相当不满，遂在当月 6 日以公司未按照劳动合同的约定支付劳动报酬为由，向公司提出解除劳动合同，并要求公司支付解除合同补偿金。公司表示不同意解除合同，但黄小姐坚持解除合同，双方由此发生争议。

法律分析

目前社会上，一些略处优势的用人单位任意克扣职工工资，停发、少发甚至不发工资，以及不为职工缴纳社会保险费的情况时常发生。因此，为保护劳动者的合法权益，我国法律设定了在特定情形下，劳动者可以随时与用人单位解除劳动合同的规定。下面就具体讲解劳动者可以随时解除劳动合同的情形。

1. 未按照劳动合同约定提供劳动保护或者劳动条件的。劳动保护和劳动条件是劳动合同中的必备条款，也就是说它是用人单位应尽的义务。职工在与公司签订劳动合同时，里面一定有类似这样的约定：公司对职工从事劳动时提供生产、工作条件和劳动安全卫生保护措施，包括劳动场所和设备、劳动安全卫生设施、劳动防护用品等。如果公司未按照合同约定提供劳动保护或者劳动条件，给职工的身体健康造成严重危害的，经国家劳动部门、卫生部门确认，劳动者可以与用人单位解除劳动合同。

2. 未及时足额支付劳动报酬的。劳动报酬，即通常我们所说的工资，也是劳动合同中必备的条款。职工按劳动合同约定付出了劳动，公司理应及时并足额支付工资，禁止克扣和无故拖欠劳动者工资。如果未按照劳动合同约定及时足额支付劳动报酬，不仅违反劳动合同，也是对劳动者合法权益的侵犯，劳动者有权随时告知用人单位解除劳动合同。

3. 未依法为劳动者缴纳社会保险费的。职工在签订劳动合同时，比较关心的是公司是否提供了"五险"（养老、医疗、失业、工伤和生育保险），也就是社会保险费。它是国家对劳动者在患病、伤残、失业、工伤、年老以及其他生活困难情况下给予的物质帮助，具有国家强制性。公司应当按照规定负责代扣、代缴本单位职工社会保险费，否则，是对劳动者基本权利的侵害，劳动者可以与用人单位解除劳动合同。

4. 用人单位的规章制度违反法律、法规的规定，损害劳动者权益的。规章制度是由用人单位单方面制定的，内容和程序都要合乎法律的要求，不能损害职工的权益。举例而言，根据我国劳动法律法规规定，我国的所有女性劳动者在劳动关系存续期间，都享受产假待遇，如果用人单位规章制度中规定员工休产假将减扣工资，则该用人单位规章制度属于违反法律、法规的规定，因该规定导致自身权益受损的劳动者有权随时解除劳动合同。

5. 用人单位以欺诈、胁迫的手段或者乘人之危同劳动者订立劳动合同的。以欺诈、胁迫的手段或者乘人之危签订的劳动合同是自始无效的。因此，如果公司以欺诈、胁迫的手段或者乘人之危迫使职工签订劳动合同的，劳动者可以不予履行；已经履行的情况下，对劳动者造成损害的，用人单位还应承担赔偿责任。

6. 用人单位以暴力、威胁或者非法限制人身自由的手段强迫劳动者劳动的，或者用人单位违章指挥、强令冒险作业危及劳动者人身安全的。如果用人单位存在对劳动者实施捆绑、拉拽等行为；或者采用拘留、禁闭等非法剥夺或限制他人人身自由从事劳动；或者不顾劳动者的人身安全，在没有安全防护的情况下，强令劳动者进行作业，劳动者有权拒绝并可以立即解除劳动合同。

7. 法律、行政法规规定劳动者可以解除劳动合同的其他情形。这是一条兜底条款。之所以有这一规定，是为了避免遗漏现行法律、法规规定的劳动者可以解除劳动合同的其他情况，并采用此种方法以使《劳动合同法》和其他法律以及以后颁行的新法相衔接，使劳动者的合法权益得到充分的保护。

在此需要提醒注意的是：如果劳动者因上述第 1 至第 7 种情况与用人单位解除劳动合同的，可以一并要求用人单位向其支付经济补偿金。

综上，尽管相对于劳动者而言，用人单位处于优势地位，但劳动者也不都是被动的，只要用人单位存在以上情形，劳动者就能随时与其解除劳动合同并要求用人单位支付经济补偿金。本案中，黄小姐的情况符合上述第 2 种情形，其应当拿起法律武器维护自己的合法权益，在要求与公司解除劳动合同的同时可以主张经济补偿金。

法 律依据

《劳动合同法》第 26 条："下列劳动合同无效或者部分无效：

（一）以欺诈、胁迫的手段或者乘人之危，使对方在违背真实意思的情况下订立或者变更劳动合同的；

（二）用人单位免除自己的法定责任、排除劳动者权利的；

（三）违反法律、行政法规强制性规定的。

对劳动合同的无效或者部分无效有争议的，由劳动争议仲裁机构或者人民法院确认。"

《劳动合同法》第 38 条第 1 款："用人单位有下列情形之一的，劳动者可以解除劳动合同：

（一）未按照劳动合同约定提供劳动保护或者劳动条件的；

（二）未及时足额支付劳动报酬的；

（三）未依法为劳动者缴纳社会保险费的；

（四）用人单位的规章制度违反法律、法规的规定，损害劳动者权益的；

（五）因本法第二十六条第一款规定的情形致使劳动合同无效的；

（六）法律、行政法规规定劳动者可以解除劳动合同的其他情形。"

70 违规操作引发事故算工伤？

典型事例

一天，某毛纺厂的女工们正紧张工作着。突然，一声惨叫从车间传出。原来，挡车工小黄发现有段坯布不平整，就用小钩刀去修整，不料划伤手指，单位急忙将其送往医院救治，缝合了5针。伤情稳定后，小黄回到厂里，却在公告栏里看到了对自己的通报批评。通知称："小黄使用工厂禁止使用的工具，违反企业公开公示过的规章制度，给予书面通报批评一次。"小黄很气愤，向厂里提出："自己是在正常上班期间因修整坯布而受伤的，单位做出批评处理，太让人心寒，我应当享受工伤待遇。"但厂方认为，小黄违反企业规章制度在先，私自使用违禁工具受伤，是违规操作，不能认定为工伤。那么违规操作受伤，能算工伤吗？

法律分析

小黄工作时因操作失误造成伤害的事实，无可争议。但问题的焦点是她违反企业规章制度在先，是否可认定为工伤？

《工伤保险条例》第14条第1项规定，职工在工作时间和工作场所内，因工作原因受到事故伤害的，应当认定为工伤。本案中小黄的受伤事实，符合上述认定工伤的三个要素，应当认定为工伤。但小黄有错在先，用企业明令禁止使用的工具，进行违规操作，对此该单位有权根据企业的规章制度，对其违规操作行为予以处罚。

在现实工作中，劳动者因违章引发伤害事故的情况时有发生。其中有部分用人单位在处理这类事故时，存在着"劳动者因违章引发伤害事故，不能认定为工伤"的错误观点。其实，工伤实行的是无过错责任原则，除有证据证明其故意犯罪、醉酒或者吸毒、自残等特殊情形外，劳动者在工作期间因违章引发伤害事故应认定为工伤。同时，用人单位也应正确区分认定工伤与处理违纪两种不同的法律规定：一方面，为了保护职工的合法权益，对于受伤职工应让其尽早治疗，并尽快申报工伤，使其能够享受工伤保险待遇；另一方面，为了严肃厂纪厂规，规范管理，对于严重违反操作规程或规章制度的职工，可以根据用人单位的制度，对其进行一定的处罚。

法津依据

《工伤保险条例》第 14 条："职工有下列情形之一的，应当认定为工伤：

（一）在工作时间和工作场所内，因工作原因受到事故伤害的；

（二）工作时间前后在工作场所内，从事与工作有关的预备性或者收尾性工作受到事故伤害的；

（三）在工作时间和工作场所内，因履行工作职责受到暴力等意外伤害的；

（四）患职业病的；

（五）因工外出期间，由于工作原因受到伤害或者发生事故下落不明的；

（六）在上下班途中，受到非本人主要责任的交通事故或者城市轨道交通、客运轮渡、火车事故伤害的；

（七）法律、行政法规规定应当认定为工伤的其他情形。"

71 受聘于家政公司的保姆受劳动法的保护吗？

典型事例

两年前，唐女士从农村来到某市，与一家政服务公司签订了劳动合同。三个月前，唐女士受公司指派为居民刘先生家做保洁服务，在擦窗户时不慎从椅子上摔下，导致手部骨折，共花去医疗费3000余元。事后，刘先生拒付医疗费，唐女士遂找公司索赔。孰料，公司老板却说："你是在为刘先生做保洁服务时受的伤，你应当去找他索赔。"刘先生和家政公司相互踢皮球，无奈的唐女士向有关人员咨询后，以公司为被申请人提起了劳动仲裁申请。劳动仲裁部门审理后裁决，由家政服务公司负担唐女士的医疗费用。

法律分析

劳动法调整劳动关系，劳动关系是劳动者在用人单位的管理下从事有偿劳动，相互间构成的权利义务关系。在上述案例中，唐女士具有双重身份：她与家政公司之间形成劳动关系，相对于家政公司而言，她是受劳动法保护的劳动者；她与刘先生之间没有形成劳动关系，相对于刘先生家而言，她只是一个提供家政服务的保姆。唐女士与刘先生之间也没有形成雇佣关系，她为刘先生家做保洁服务，履行的是家政公司与刘先生之间的合同，而不是为刘先生从事雇佣活动。唐女士与刘先生之间不是雇佣关系，因此，刘先生无须为唐女士的医疗费埋单。唐女士与家政公司之间才存在劳动关系，因此，唐女士的合法权益受劳动法依法保护。按照《劳动法》和《工伤保险条例》的规定，家政公司应该为唐女士缴纳社会保险费，唐女士是在工作时间和工作场所内因工作原因受到伤害的，应该享受工伤医疗待遇。由于家政公司没有为唐女士缴纳工伤保险费，因此，家政公司得为唐女士的医疗费埋单。

法 律依据

《劳动合同法》第 3 条："订立劳动合同，应当遵循合法、公平、平等自愿、协商一致、诚实信用的原则。

依法订立的劳动合同具有约束力，用人单位与劳动者应当履行劳动合同约定的义务。"

《社会保险法》第 41 条："职工所在用人单位未依法缴纳工伤保险费，发生工伤事故的，由用人单位支付工伤保险待遇。用人单位不支付的，从工伤保险基金中先行支付。

从工伤保险基金中先行支付的工伤保险待遇应当由用人单位偿还。用人单位不偿还的，社会保险经办机构可以依照本法第六十三条的规定追偿。"

72 法律对农民工的休息时间是怎么规定的？

典 型事例

案例一：小刘在一家公司从事报关员工作。公司规定员工每天上班 8 小时，每周日休息。由于近段时间公司业务繁忙，公司要求大家将休息时间集中到月底，即平时不休息，在业务完成后，将每月攒下来的 4 天时间集中休息，并按岗位轮休。两个月下来，总算轮到了小刘休息。劳动行政部门检查发现该情况后,指出公司这种做法是违法的,应当按加班支付劳动者加班工资。公司说,职工总的工作时间并没有延长,只不过是把工作和休息时间都集中起来了,所以说并没有影响职工的休息。

案例二:小陈在某公司车间工作。公司实行计件工资,每加工成一件产品,计件工资为1元。公司同时规定,工人每天至少应生产50件产品,连续5天不能完成生产任务的,将被辞退。小陈等很多工人因为技术不够熟练,每天得花10多个小时才能完成生产指标。连续一段时间下来小陈等人由于不能承受长时间的工作,无法完成每天的生产定额而被公司辞退。小陈认为公司的生产定额指标确定的不合理。公司认为这个指标对每个人都是平等的,很多工人都能够完成生产指标,小陈等人不能完成是个人的事情,所以,公司按制度办事将其辞退无可厚非。

法律分析

案例一的情况:小刘所在公司以业务繁忙而采取集中休假的方式违反了劳动法的强制性规定。表面上看,劳动者的休息时间没有减少,似乎也没有侵犯劳动者权益,实质上已经违反了法律规定。《劳动法》第38条规定,用人单位至少要保证劳动者每周一天时间休息,集中休息显然与劳动法规定冲突。劳动法之所以这样规定,目的是为了让劳动者在一定的时间周期内得到足够的休息,并能够从事一定的私人事务。这样的规定是从劳动者身心健康和企业长期发展的角度考虑的,体现了法律的人文关怀,是强制性规定,企业不能擅自改变,即使双方协商同意。

案例二的情况:《劳动合同法》出台后,企业不可以在法定解除条件之外另行约定解除合同的条件,否则就涉嫌违法,要承担违法解除合同的赔偿责任。小陈被辞退的理由是他连续5天不能完成工作定额。但在正常情况下，小陈要完成这些工作定额，必须在 8 小时以上，而且，这并不是因为他偷懒等主观因素造成的。造成这种结果是由于他的工作技能不高，但是公司既然录用了他，说明他的劳动技能是得到公司认可的，所以公司应该根据他的劳动技能情况确定每天的工作定额，确定其完成定额不超过 8 小时。本案中，公司工作定额显然是小陈等人 8 小时内无法完成的。这个工作定额的确定与《劳动法》第 37 条的规定相悖，是不合理的。因此，公司据此不合理的规定辞退小陈属于违法解除。

《劳动法》和《劳动合同法》等法律法规都规定了劳动者的休息休假权利。正常情况下，劳动者的上班时间是多少？怎样才算是加班加点？劳动者正常情况下怎么休息？节日都该放假吗？劳动者的休息休假的种类有哪些？

休息休假是劳动者的基本权利之一，共分为以下十种：

1. 休息日。《劳动法》规定，用人单位应当保证劳动者每周至少休息 1 日，休息 1 日还是 2 日，是周六周日休还是怎么样，用人单位可以灵活安排，但是每周的平均工作时间不得大于 44 个小时。一般情况是做五休二，即周六周日休息的双休制度。

2. 法定节假日。我国包括 3 类：

（1）全体公民放假的节日：①新年，放假 1 天（1 月 1 日）；②春节，放假 3 天（农历除夕、正月初一、初二）；③清明节，放假 1 天（农历清明当日）；④劳动节，放假 1 天（5 月 1 日）；⑤端午节，放假 1 天（农历端午当日）；⑥中秋节，放假 1 天（农历中秋当日）；⑦国庆节，放假 3 天（10 月 1 日、2 日、3 日）。

（2）部分公民放假的节日及纪念日：①妇女节（3 月 8 日），妇女放假半天；②青年节（5 月 4 日），14 周岁以上的青年放假半天；③儿童节（6 月 1 日），不满 14 周岁的少年儿童放假 1 天；④中国人民解放军建军纪念日（8 月 1 日），现役军人放假半天。

全体公民放假的假日，如果适逢星期六、星期日，应当在工作日补假。部分公民放假的假日，如果适逢星期六、星期日，则不补假。全体公民放假的假日安排工作的应发 3 倍工资。

（3）少数民族习惯的节日，由各少数民族聚居地区的地方人民政府，按照各该民族习惯，规定放假日期。

3. 事假。事假一般是员工因私事向用人单位申请，并经单位批准的假期。单位可以不支付工资，当然也可支付工资，那要看单位的规章制度。

4. 病假。医疗期是指企业职工因生病或非因工负伤停止工作治病休息不得解除劳动合同的时限。企业职工因患病或非因工负伤，需要停止工作医疗时，根据本人实际参加工作年限和在本单位工作年限，给予 3 个月到 24 个月的医疗期：①实际工作年限 10 年以下的，在本单位工作年限 5 年以下的为 3 个月；5 年以上的为 6 个月；②实际工作年限 10 年以上的，在本单位工作年限 5 年以下的为 6 个月；5 年以上 10 年以下的为 9 个月；10 年以上 15 年以下的为 12 个月；15 年以上 20 年以下的为 18 个月；20 年以上的为 24 个月。

注意：在医疗期内病假是发放工资的，病假工资或疾病救济费不得低于最低工资的 80%。

5. 社会活动假。在工作期间，依法参加社会活动所享受的假期，例如：行使选举权、出席会议、担任人民陪审员证人等，正常支付工资。

6. 带薪年休假。

（1）享受的条件：职工连续工作 1 年以上即可享受。

（2）不享受：①职工依法享受寒暑假，其休假天数多于年休假天数的；②职工请事假累计 20 天以上且单位按照规定不扣工资的；③累计工作满 1 年不满 10 年的职工，请病假累计 2 个月以上的；④累计工作满 10 年不满 20 年的职工，请病假累计 3 个月以上的；⑤累计工作满 20 年以上的职工，请病假累计 4 个月以上的。

（3）休假时间：职工累计工作已满 1 年不满 10 年的，年休假 5 天；已满 10 年不满 20 年的，年休假 10 天；已满 20 年的，年休假 15 天。国家法定休假日、休息日不计入年休假的假期。

7. 婚假：正常 1～3 天。

8. 产假基本假：不少于 90 天，产前休息 15 天，产后 75 天。多胎的多一个 15 天。

9. 探亲假：国务院《关于职工探亲待遇的规定》（1981 年），适用于国家机关、人民团体、全民所有制企业事业单位工作满 1 年的固定职工。探望配偶的 1 年 30 天，未婚探望父母的 1 年 20 天，已婚探望父母的 4 年一次 20 天。

10. 丧假：直系亲属死亡时，直系亲属包括配偶 1～3 天，一般 3 天，限定是国有企业职工。

法律依据

《劳动法》第 36 条："国家实行劳动者每日工作时间不超过八小时、平均每周工作时间不超过四十四小时的工时制度。"

《劳动法》第 37 条："对实行计件工作的劳动者，用人单位应当根据本法第三十六条规定的工时制度合理确定其劳动定额和计件报酬标准。"

《劳动法》第 38 条："用人单位应当保证劳动者每周至少休息一日。"

《劳动法》第 39 条："企业因生产特点不能实行本法第三十六条、第三十八条规定的，经劳动行政部门批准，可以实行其他工作和休息办法。"

《劳动法》第 40 条："用人单位在下列节日期间应当依法安排

劳动者休假；

（一）元旦；

（二）春节；

（三）国际劳动节；

（四）国庆节；

（五）法律、法规规定的其他休假节日。"

《劳动法》第 41 条："用人单位由于生产经营需要，经与工会和劳动者协商后可以延长工作时间，一般每日不得超过 1 小时；因特殊原因需要延长工作时间的，在保障劳动者身体健康的条件下延长工作时间每日不得超过三小时，但是每月不得超过三十六小时。"

《劳动法》第 42 条："有下列情形之一的，延长工作时间不受本法第四十一条规定的限制：

（一）发生自然灾害、事故或者因其他原因，威胁劳动者生命健康和财产安全，需要紧急处理的；

（二）生产设备、交通运输线路、公共设施发生故障，影响生产和公众利益，必须及时抢修的；

（三）法律、行政法规规定的其他情形。"

《劳动法》第 43 条："用人单位不得违反本法规定延长劳动者的工作时间。"

《劳动法》第 44 条："有下列情形之一的，用人单位应当按照下列标准支付高于劳动者正常工作时间工资的工资报酬：

（一）安排劳动者延长工作时间的，支付不低于工资的百分之一百五十的工资报酬；

（二）休息日安排劳动者工作又不能安排补休的，支付不低于工资的百分之二百的工资报酬；

（三）法定休假日安排劳动者工作的，支付不低于工资的百分之三百的工资报酬。"

《劳动法》第45条："国家实行带薪年休假制度。

劳动者连续工作一年以上的，享受带薪年休假。具体办法由国务院规定。"

国务院《关于职工工作时间的规定》第1条："为了合理安排职工的工作和休息时间，维护职工的休息权利，调动职工的积极性，促进社会主义现代化建设事业的发展，根据宪法有关规定，制定本规定。"

国务院《关于职工工作时间的规定》第2条："本规定适用于在中华人民共和国境内的国家机关、社会团体、企业事业单位以及其他组织的职工。"

国务院《关于职工工作时间的规定》第3条："职工每日工作8小时、每周工作40小时。"

国务院《关于职工工作时间的规定》第4条："在特殊条件下从事劳动和有特殊情况，需要适当缩短工作时间的，按照国家有关规定执行。"

国务院《关于职工工作时间的规定》第5条："因工作性质或者生产特点的限制，不能实行每日工作8小时，每周工作40小时标准工时制度的，按照国家有关规定，可以实行其他工作和休息办法。"

国务院《关于职工工作时间的规定》第6条："任何单位和个人不得擅自延长职工工作时间。因特殊情况和紧急任务确需延长工作时间的，按照国家有关规定行。"

国务院《关于职工工作时间的规定》第7条："国家机关、事业单位实行统一的工作时间，星期六和星期日为周休息日。

企业和不能实行前款规定的统一工作时间的事业单位，可以根据实际情况灵活安排周休息日。"

73 没有签订劳动合同，工资该如何确定？

典型事例

　　刘某等三人于 2009 年 3 月来到上海打工，劳务公司与其达成口头约定，工资为每个工作日 80 元，但是工程完工之后，刘某等三人只拿到了部分工资。他们向劳动仲裁委员会申请仲裁后，对方不承认曾经承诺每个工作日 80 元的工资标准，但是并没有提供工资支付凭证。由于刘某等人没有签订劳动合同也没有签订集体合同，也没有其他证据能够证明工资数额，劳动委员会认为双方均不能证明工资数额，也无法查清，于是按照其他同岗位劳动者的工资水平来确定刘某等人的工资。

法律分析

　　刘某等人由于没有和用人单位签订劳动合同，因此双方之间成立事实劳动关系。在事实劳动关系中，双方对工资数额很可能会产生争议。在这个时候，如果没有其他证据证明，所在单位又不承认，我们的工资标准如何确定呢？

　　依照《劳动合同法》等相关法律的规定，在这种情况下，我们可以按照以下方法确定工资：

　　1. 如果用人单位与我们签订了集体合同的，按照集体合同的规定来执行。

　　2. 如果没有签订集体合同或者集体合同对工资标准没有加以规定的，按照其他同岗位劳动者的工资水平，实行同工同酬。

　　3. 如果既不存在集体合同，也无法确认同岗位劳动者的工资水平的，应当按照当地该行业的平均工资来确定我们的工资标准。

　　本案中，由于刘某等人与劳务公司没有签订劳动合同，用其他手段无法证明双方之间的工资标准，加上双方之间也不存在集体合同，因此刘某等人的工资只能按照其他同岗位劳动者的工资水平，实行同工同酬。

法律依据

《劳动合同法》第 11 条："用人单位未在用工的同时订立书面劳动合同，与劳动者约定的劳动报酬不明确的，新招用的劳动者的劳动报酬按照集体合同规定的标准执行；没有集体合同或者集体合同未规定的，实行同工同酬。"

最高人民法院《关于审理劳动争议案件适用法律若干问题的解释》第 14 条："劳动合同被确认为无效后，用人单位对劳动者付出的劳动，一般可参照本单位同期、同工种、同岗位的工资标准支付劳动报酬。

根据《劳动法》第九十七条之规定，由于用人单位的原因订立的无效合同，给劳动者造成损害的，应当比照违反和解除劳动合同经济补偿金的支付标准，赔偿劳动者因合同无效所造成的经济损失。"

74 经济补偿金应该怎样算？

典型事例

陆某系一家电子科技有限公司的技术部经理，其于 2004 年 2 月开始在公司工作，双方签订了 3 年的劳动合同，每月基本工资 5000 元，市内交通补贴 500 元、国家各类补贴计 200 元、职务津贴 300 元、服务费 800 元。陆某每月应得工资计 6800 元，扣除个人缴纳的社会保险费、公积金、税收，实际每月所得 5000 余元。

此外，作为公司员工，陆某还可以享受下面的津贴和福利：公司每年在 12 月和 6 月各发放的津贴 1000 元；技术部经理可享受季度奖金。陆某可享受的手机通讯费补贴每月 800 元。公司还每月向他支付住房补贴 1000 元，由其自行在外借房住宿。2005 年 8 月，陆某向公司提出应引进最新的技术设备以提高公司产品的市场竞争力。不料总经理认为陆某在公司面临困难时不但不努力工作，不带领技术部门攻克技术难题，还给自己找借口，当即要求人事部与陆某解除劳动合同。2005 年 9 月 11 日，人事部向陆某发出了解除劳动合同的通知书，并称愿依法支付解除合同的经济补偿金。人事部坚持只有写进劳动合同的工资和津贴才作为补偿金的计算基数；而陆某认为提成奖金、所有的津贴、住房补贴都是自己的收入来源，而且经济补偿金是应发工资的合计，而不应扣除税收和自己承担的社会保险费、公积金，双方各持己见终未达成一致意见。2005 年 1 月 15 日，陆某向劳动争议仲裁委员会提出申诉，要求公司按国家规定支付解除合同的经济补偿金。

劳动争议仲裁委员会经审理，计算了陆某在解除合同前 12 个月中的全部工资性收入，包括每月固定收入（工资及各类补贴、津贴）5411.8 元、提成奖金合计 67 399.7 元（已扣税）、防寒和高温津贴 2000 元，故月平均工资性收入应当为 11 195.11 元。经仲裁委员会调解，公司实际向陆某支付了 11 200 元。

法律分析

经济补偿金是用人单位解除劳动合同时，给予劳动者的经济补偿，是在劳动合同解除或终止后，用人单位依法一次性支付给劳动者的经济上的补助。用人单位在劳动合同到期之前提出解除合同的，应当依照国家有关规定向劳动者支付经济补偿。关于经济补偿金的计算问题，主要有如下几个方面需注意：

1. 经济补偿金的计算年限。劳动者在单位工作的年限，应当从劳动者向该用人单位提供劳动之日起计算，即在劳动者入职之日开始计算（包括试用期）。劳动者与用人单位未订立劳动合同的，不影响工作年限的计算。因用人单位的合并、兼并、合资、单位改变性质、法人改变名称等原因而改变工作单位的，其改变前的工作时间可以计算为"在本单位的工作时间"。根据《劳动合同法》规定，经济补偿按劳动者在本单位工作的年限，每满1年支付1个月工资的标准向劳动者支付。6个月以上不满1年的，按1年计算；不满6个月的，向劳动者支付半个月工资的经济补偿。本案中，电子科技有限公司应发给陆某相当于1个月工资的经济补偿金。

2. 经济补偿金的计算标准。我国法律规定，劳动者的月平均工资指企业正常生产情况下劳动者解除合同前12个月的平均工资。劳动者月工资高于用人单位所在直辖市、设区的市级人民政府公布的本地区上年度职工月平均工资3倍的，向其支付经济补偿的标准按职工月平均工资3倍的数额支付，向其支付经济补偿的年限最高不超过12年。

3. 工资基数的计算。哪些是工资的范畴，哪些不是？"工资"是指用人单位依据国家有关规定或劳动合同的约定，以货币形式直接支付给本单位劳动者的劳动报酬，一般包括计时工资、计件工资、奖金、津贴和补贴、延长工作时间的工资报酬以及特殊情况下支付的工资等。

根据上述规定，工资性收入应当包括计时工资、计件工资、奖金、津贴和补贴、延长工作时间的工资报酬以及特殊情况下支付的工资等，但不应包括住房补贴和手机通讯费。因为住房补贴是公司提供给员工的福利而不是其应得的工资性收入，而手机通讯费未以津贴的形式发放给职工，而是按规定予以报销的，这说明单位没有将它列入工资支付总额。同时，经济补偿金应当以职工实际工资性收入为计算标准，而不应以应发工资为准，即实际工资性收入是扣除社会保险金、公积金、税收之后的所得。陆某要求以应发工资计算，并且将住房补贴、手机通讯费报销款均计算在内，是没有法律依据的。

法 律依据

《劳动合同法》第 47 条："经济补偿按劳动者在本单位工作的年限，每满一年支付一个月工资的标准向劳动者支付。六个月以上不满一年的，按一年计算；不满六个月的，向劳动者支付半个月工资的经济补偿。

劳动者月工资高于用人单位所在直辖市、设区的市级人民政府公布的本地区上年度职工月平均工资三倍的，向其支付经济补偿的标准按职工月平均工资三倍的数额支付，向其支付经济补偿的年限最高不超过十二年。

本条所称月工资是指劳动者在劳动合同解除或者终止前十二个月的平均工资。"

75 用人单位在哪些情形下不得解除劳动合同？

典 型事例

农民工王某于 2007 年 3 月前往西安打工，后来进入一家矿石厂上班，双方签订了三年的劳动合同，终止日期为 2010 年 3 月 25日。从 2009 年 1 月开始，因为长期呼入粉尘，王某渐渐地感到身体不适，2 月 28 日到医院检查以后发现，王某已经得了三期尘肺病。医生检查后决定让王某立即住院治疗，并出具了三个月的病假单。

5月28日病假期满，王某回工厂销假，工厂人事部长给他一纸解除劳动合同通知书，告知双方的劳动关系已经于3月25日解除。王某认为，其劳动合同的解除日为病假结束日，工厂应当支付合同到期后至病假结束日的病假工资。双方僵持不下，遂申请劳动仲裁。

法律分析

王某因为在该矿石厂工作而得了三期尘肺病，该矿石厂在王某病假期间解除劳动合同的做法是错误的。为了保护我们农民工朋友的权益，法律规定在下列情形下，用人单位不得解除劳动合同：

1. 劳动者从事接触职业病危害作业未进行离岗前职业健康检查，或者疑似职业病病人在诊断或者医学观察期间的，用人单位不得解除劳动合同。

2. 患职业病或者因工负伤并被确认丧失或者部分丧失劳动能力的。劳动者患职业病或因工负伤，是否丧失或部分丧失劳动能力，需要经过劳动鉴定委员会的鉴定，被确认为已丧失或部分丧失劳动能力的，用人单位方不得解除劳动合同。

3. 患病或者非因工负伤，在规定的医疗期内。这里的负伤指非因工负伤。对患病或者负伤，我国法律允许劳动者有一定的治疗期。在上述医疗期内，用人单位不得解除劳动合同。如果合同到期，则应顺延到医疗期满。

4. 女职工在孕期、产期、哺乳期内的，用人单位不得解除劳动合同。劳动者在孕期、产期和哺乳期内，劳动合同期限届满时，用人单位不得终止劳动合同。劳动合同的期限应自动延续至孕期、产期和哺乳期期满为止。

5. **法律、行政法规规定的其他情形。** 即法律、行政法规规定用人单位不得解除劳动合同的其他情形，比如应征入伍在义务服役期内的、参加平等协商的职工方代表在集体合同期限内的，等等。这些情况一经出现，用人单位都不得解除劳动合同。

然而，上述用人单位不得解除劳动合同的情况并不是绝对的。根据《劳动合同法》第39条的规定，劳动者在下列情形下，用人单位也可以解除劳动合同：①在试用期间被证明不符合录用条件的；②严重违反用人单位的规章制度的；③严重失职，营私舞弊，给用人单位造成重大损害的；④劳动者同时与其他用人单位建立劳动关系，对完成本单位的工作任务造成严重影响，或者经用人单位提出，拒不改正的；⑤因《劳动合同法》第26条第1款第1项规定的情形致使劳动合同无效的；⑥被依法追究刑事责任的。

在本案中，针对矿石厂的违法行为，王某可以向相关的劳动行政部门投诉，要求纠正该工厂的违法行为。如果未能得到有效的处理，王某可以申请劳动仲裁或者起诉到法院。

法津依据

《劳动合同法》第42条："劳动者有下列情形之一的，用人单位不得依照本法第四十条、第四十一条的规定解除劳动合同：

（一）从事接触职业病危害作业的劳动者未进行离岗前职业健康检查，或者疑似职业病病人在诊断或者医学观察期间的；

（二）在本单位患职业病或者因工负伤并被确认丧失或者部分丧失劳动能力的；

（三）患病或者非因工负伤，在规定的医疗期内的；

（四）女职工在孕期、产期、哺乳期的；

（五）在本单位连续工作满十五年，且距法定退休年龄不足五年的；

（六）法律、行政法规规定的其他情形。"

《劳动合同法》第45条："劳动合同期满，有本法第四十二条规定情形之一的，劳动合同应当续延至相应的情形消失时终止。但是，本法第四十二条第二项规定丧失或者部分丧失劳动能力劳动者的劳动合同的终止，按照国家有关工伤保险的规定执行。"

76 职工在病假期间的工资能否低于当地最低工资标准？

典型事例

吴某系某酱醋厂普通工人，去年经体检，查出得了乙型肝炎，根据医生建议他马上住进了当地一家医院，治疗期为4个月。住院期间，由吴某的妻子每月去厂里代领其病假工资264元。吴某痊愈出院后，得知每月厂里才给这么点儿病假工资，愤愤不平，他找到厂领导说："政府规定的最低工资还有330元呢，你们只发给我264元，太不讲道理了吧。这不行，你们至少得给我补到330元。"厂领导当然不同意："你一天班没上，完全是白得薪水，我凭什么给你那么多钱？"吴某自有他的想法："我又不是无故不来上班的，是因为生病，最低工资不就是给我们这些实在不能上班的人的吗？我又不是蛮不讲理，也没让你们支付我正常工资，况且我生病住院，花了很多钱，家里很困难，你就算出于同情，也该把这最低工资发给我吧？"厂里仍然拒绝给他补上这笔工资。吴某四处哭诉，大家都对他十分同情，纷纷指责工厂领导对员工漠不关心，铁石心肠云云。更有甚者，欲将此事见诸报端，以激起社会公愤，抵制厂领导等等。那么这件事，到底谁的做法、谁的说法真正合理合法呢？吴某病假期的工资应怎样支付？

法津分析

这起关于工资的争议中，虽然吴某十分值得同情，但从法律角度讲，企业的做法并不违法，职工吴某以住院花钱和生活有困难要求支付不低于当地最低工资标准的工资报酬是无法律依据的。用人单位支付劳动者不低于当地最低工资标准的劳动报酬的前提条件是劳动者必须履行了正常的劳动义务；反之，则不受最低工资法律规定的保护。显然劳动者若不能为企业提供正常劳动，企业就不受最低工资法律规定的限制。本案中，职工吴某患病住院治疗 4 个月，显然不能为企业提供正常劳动，因此，企业不按最低工资标准支付其工资是可以的，是符合法律规定的。

最低工资标准和最低生活保障是两个不同的概念，两者不能等同也不能混淆。对于因患病而造成生活困难的职工，其所在单位应当视情况给予适当的补助，职工本人也可以向本单位提出申请，但这和用人单位支付工资是两个不同性质的问题。职工如果没有向单位提供正常劳动，请事假或休病假，单位按其实际提供劳动的情况或有关规定支付工资，工资额是可以低于最低工资标准的。职工不能要求单位在自己病假期间支付不低于当地最低工资标准的工资。当然，对于休病假期间的工资支付，单位也应依照国家有关规定执行，即病假工资或疾病救济金不能低于最低工资标准的80%。如果不符合国家有关规定，就侵犯了职工合法权益。而酱醋厂发给吴某的病假工资 264 元恰恰是当地最低工资的80%，是符合国家这一规定的。

法津依据

劳动部《关于贯彻执行〈中华人民共和国劳动法〉若干问题的意见》第 59 条："职工患病或非因工负伤治疗期间，在规定的医疗期内由企业按有关规定支付其病假工资或疾病救济费，病假工资或疾病救济费可以低于当地最低工资标准支付，但不能低于最低工资标准的80%。"

77 未缴纳工伤保险，劳动者应如何请求工伤赔偿？

典型事例

自2008年起，张某在一家建筑公司担任塔吊操作手，工作期间由于底部的根基不牢，塔吊倒了，张某从二十几米的高度摔下来，造成严重伤害，脑部受到严重损伤，生活无法自理，现在在医院还是一级护理。因为建筑公司并未为员工缴纳工伤保险，所以不同意为张某提出工伤认定申请。对于这种情况，张某应如何处理？

法律分析

现代社会，工伤事故频发，从法院受理的工伤保险待遇的案件来看，主要分为两大类：一类是已经为劳动者缴纳工伤保险的案件；另一类是未给劳动者缴纳工伤保险的案件。

1. 已经为劳动者缴纳工伤保险的案件。如果用人单位已经为劳动者缴纳工伤保险，则在发生工伤事故后，劳动者要及时进行工伤鉴定，然后根据工伤鉴定结果请求工伤赔偿。如果是造成一般伤害，尚未达到残疾的，可以请求赔偿医疗费、伤者住院期间的伙食补助费、生活护理费、工伤期间的工资、交通食宿费。如果造成伤残的，可以请求赔偿医疗费、伤者住院期间的伙食补助费、生活护理费、工伤期间的工资、交通食宿费、辅助器具费、一次性伤残补助金、伤残津贴、一次性工伤医疗补助金、一次性伤残就业补助金。如果造成死亡的，可以请求赔偿丧葬补助金、一次性伤亡补助金、供养亲属抚恤金。

2. 未给劳动者缴纳工伤保险的案件。根据《工伤保险条例》的规定，用人单位依照本条例规定应当参加工伤保险而未参加的，由社会保险行政部门责令限期参加，补缴应当缴纳的工伤保险费，并自欠缴之日起，按日加收万分之五的滞纳金；逾期仍不缴纳的，处欠缴数额 1 倍以上 3 倍以下的罚款。依照本条例规定应当参加工伤保险而未参加工伤保险的用人单位职工发生工伤的，由该用人单位按照本条例规定的工伤保险待遇项目和标准支付费用。用人单位参加工伤保险并补缴应当缴纳的工伤保险费、滞纳金后，由工伤保险基金和用人单位依照本条例的规定支付新发生的费用。所以各类公司、企业都应该依照该条例规定为劳动者缴纳工伤保险，否则劳动者发生工伤事故的，要按照规定承担给付工伤职工相应保险待遇的责任。而且从归责原则上讲，对于工伤赔偿适用的是无过错归责原则，即无论劳动者在工伤事故中是否存在过错，用人单位必须依法承担赔偿责任，而不得以劳动者有过错为由拒绝承担或者部分承担责任。

在上述案例中，因为建筑公司没有为张某缴纳工伤保险，所以张某在工作期间发生的工伤事故，建筑公司也要按照《工伤保险条例》的规定给工伤职工相应的保险待遇，并且由社会保险行政部门责令用人单位限期参加工伤保险，补缴员工的工伤保险费，并加收滞纳金。

法律依据

《工伤保险条例》第 62 条："用人单位依照本条例规定应当参加工伤保险而未参加的，由社会保险行政部门责令限期参加，补缴应当缴纳的工伤保险费，并自欠缴之日起，按日加收万分之五的滞纳金；逾期仍不缴纳的，处欠缴数额 1 倍以上 3 倍以下的罚款。

依照本条例规定应当参加工伤保险而未参加工伤保险的用人单位职工发生工伤的，由该用人单位按照本条例规定的工伤保险待遇项目和标准支付费用。

用人单位参加工伤保险并补缴应当缴纳的工伤保险费、滞纳金后，由工伤保险基金和用人单位依照本条例的规定支付新发生的费用。"

78 农民工应当怎样提出工伤认定申请？

典型事例

李某于 2010 年进入某厂工作，2012 年 5 月因工受伤导致左踝骨骨折，某厂承担了全部治疗费用及治疗期间李某及护理人员工资。某厂未为李某申请工伤认定，李某也未自行申请，现李某与某厂因工作安排发生争议，提出工伤赔偿要求，但某厂及人社部门认为李某申请工伤认定已过时效，不予受理。

法律分析

李某发生工伤事故后，某厂应当在法律规定的时间内向有关部门提出工伤认定申请。如果该厂未申请的，李某或者其直系亲属可以自己申请。李某自己申请工伤认定需要注意以下问题：

1. 申请时间。依照《工伤保险条例》的规定，职工发生事故伤害或者按照《职业病防治法》规定被诊断、鉴定为职业病，所在单位应当自事故伤害发生之日或者被诊断、鉴定为职业病之日起 30 日内，向统筹地区社会保险行政部门提出工伤认定申请。遇有特殊情况，经报社会保险行政部门同意，申请时限可以适当延长。

用人单位未按上述规定提出工伤认定申请的，工伤职工或者其直系亲属、工会组织在事故伤害发生之日或者被诊断、鉴定为职业病之日起 1 年内，可以直接向用人单位所在地统筹地区社会保险行政部门提出工伤认定申请。

本案中，李某申请工伤认定时已经过了 1 年的时效，所以人社部门不予受理。在此要提醒广大劳动者，申请工伤认定一定要在事故发生之日起 1 年内，否则将不能得到法律的保护。

2. 申请机构。如果用人单位为劳动者缴纳了工伤保险，则向缴纳工伤保险金所在地的设区的市级社会保险行政部门申请；如果用人单位没有为劳动者缴纳工伤保险，则向用人单位所在地设区的市级社会保险行政部门申请。

3. 提交材料。提出工伤认定申请应当提交下列材料：①工伤认定申请表；②与用人单位存在劳动关系（包括事实劳动关系）的证明材料；③医疗诊断证明或者职业病诊断证明书（或者职业病诊断鉴定书）。工伤认定申请表应当包括事故发生的时间、地点、原因以及职工伤害程度等基本情况。

法律依据

《工伤保险条例》第 17 条："职工发生事故伤害或者按照职业病防治法规定被诊断、鉴定为职业病，所在单位应当自事故伤害发生之日或者被诊断、鉴定为职业病之日起 30 日内，向统筹地区社会保险行政部门提出工伤认定申请。遇有特殊情况，经报社会保险行政部门同意，申请时限可以适当延长。

用人单位未按前款规定提出工伤认定申请的，工伤职工或者其直系亲属、工会组织在事故伤害发生之日或者被诊断、鉴定为职业病之日起 1 年内，可以直接向用人单位所在地统筹地区社会保险行政部门提出工伤认定申请。

按照本条第一款规定应当由省级社会保险行政部门进行工伤认定的事项，根据属地原则由用人单位所在地的设区的市级劳动保障行政部门办理。

用人单位未在本条第一款规定的时限内提交工伤认定申请，在此期间发生符合本条例规定的工伤待遇等有关费用由该用人单位负担。"

《工伤保险条例》第18条："提出工伤认定申请应当提交下列材料：

（一）工伤认定申请表；

（二）与用人单位存在劳动关系（包括事实劳动关系）的证明材料；

（三）医疗诊断证明或者职业病诊断证明书（或者职业病诊断鉴定书）。

工伤认定申请表应当包括事故发生的时间、地点、原因以及职工伤害程度等基本情况。

工伤认定申请人提供材料不完整的，社会保险行政部门应当一次性书面告知工伤认定申请人需要补正的全部材料。申请人按照书面告知要求补正材料后，社会保险行政部门应当受理。"

79 什么是职业病？

典型事例

河南新密市人张海超曾在某耐磨材料有限公司务工，2004年8月被多家医院诊断出患有"尘肺"，但由于这些医院不是法定职业病诊断机构，所以诊断"无用"。而由于原单位拒开证明，他无法拿到法定诊断机构的诊断结果，最终只能以"开胸验肺"的方式进行验肺，为自己证明。这个事件被称为"开胸验肺事件"。

2007年10月份，X胸片显示张海超双肺有阴影；此后经多家医院检查，诊断其患有尘肺病。2009年1月，北京多家医院确诊其为尘肺病。2009年6月，张海超主动爬上手术台"开胸验肺"。2009年7月15日，媒体介入报道。2009年7月27日，确诊张海超为三期尘肺病。

法律分析

所谓职业病，是指企业、事业单位和个体经济组织等用人单位的劳动者在职业活动中，因接触粉尘、放射性物质和其他有毒、有害因素而引起的疾病，其特点是由于职业活动而产生的疾病。在打工过程中，那些接触粉尘、放射性物质和其他有毒、有害因素的作业均属于职业病危险作业。

根据相关法律的规定，我们享有下列职业卫生保护权利：①获得职业卫生教育、培训；②获得职业健康检查、职业病诊疗、康复等职业病防治服务；③了解工作场所产生或者可能产生的职业病危害因素、危害后果和应当采取的职业病防护措施；④要求用人单位提供符合防治职业病要求的职业病防护设施和个人使用的职业病防护用品，改善工作条件；⑤对违反职业病防治法律、法规以及危及生命健康的行为提出批评、检举和控告；⑥拒绝违章指挥和强令进行没有职业病防护措施的作业；⑦参与用人单位职业卫生工作的民主管理，对职业病防治工作提出意见和建议。

那么，我们劳动者应当怎样判断自己所得的到底是不是职业病呢？①自己是否与所在的公司建立了劳动关系；②自己所患的疾病是不是在生产劳动的过程中发生的，如果不是在生产劳动的过程中发生的，则不属于职业病；③自己所患的疾病是不是因为接触有毒有害物质引起的；④自己所患的疾病是不是在《职业病目录》中。

法律依据

《职业病防治法》第 2 条："本法适用于中华人民共和国领域内的职业病防治活动。

本法所称职业病，是指企业、事业单位和个体经济组织等用人单位的劳动者在职业活动中，因接触粉尘、放射性物质和其他有毒、有害因素而引起的疾病。

职业病的分类和目录由国务院卫生行政部门会同国务院安全生产监督管理部门、劳动保障行政部门制定、调整并公布。"

《职业病防治法》第 40 条："劳动者享有下列职业卫生保护权利：

（一）获得职业卫生教育、培训；

（二）获得职业健康检查、职业病诊疗、康复等职业病防治服务；

（三）了解工作场所产生或者可能产生的职业病危害因素、危害后果和应当采取的职业病防护措施；

（四）要求用人单位提供符合防治职业病要求的职业病防护设施和个人使用的职业病防护用品；改善工作条件；

（五）对违反职业病防治法律、法规以及危及生命健康的行为提出批评、检举和控告；

（六）拒绝违章指挥和强令进行没有职业病防护措施的作业；

（七）参与用人单位职业卫生工作的民主管理，对职业病防治工作提出意见和建议。

用人单位应当保障劳动者行使前款所列权利。因劳动者依法行使正当权利而降低其工资、福利等待遇或者解除、终止与其订立的劳动合同的，其行为无效。"

《职业病防治法》第87条:"本法下列用语的含义:

职业病危害,是指对从事职业活动的劳动者可能导致职业病的各种危害。职业病危害因素包括:职业活动中存在的各种有害的化学、物理、生物因素以及在作业过程中产生的其他职业有害因素。

职业禁忌,是指劳动者从事特定职业或者接触特定职业病危害因素时,比一般职业人群更易于遭受职业病危害和罹患职业病或者可能导致原有自身疾病病情加重,或者在从事作业过程中诱发可能导致对他人生命健康构成危险的疾病的个人特殊生理或者病理状态。"

80 法律对未成年工有哪些特殊保护?

典型事例

1993年10月出生的李丽,是湖北省黄冈市红安县人。2009年10月,刚满16岁,李丽就到武汉一鞋业有限公司从事鞋制品翻后围打胶工作。双方未签订书面劳动合同,约定每月平均工资1200元,鞋业公司也没有为李丽办理和缴纳社会保险。因四肢麻木无力,2010年3月26日起,李丽先后4次到包括武汉市职业病防治院在内的武汉市3家医院住院治疗,前后共计473天。2010年7月和9月,武汉市职业病防治院、市职业病诊断鉴定委员会分别做出职业病诊断证明书和鉴定书,认定李丽为职业性慢性正乙烷重度中毒。随后,2011年1月和3月,武汉市人保局、市劳动能力鉴定委员会分别做出工伤认定书和职工劳动能力鉴定书,分别认定李丽为工伤以及四级伤残,生活护理等级为部分护理依赖。后因损失赔偿问题,2011年9月,李丽向武汉市硚口区劳动仲裁委员会提出仲裁申请,后又起诉至法院,要求与所在公司保留劳动关系，双方签订无固定期限劳动合同，公司依规定为其办理并缴纳社保，并按月支付伤残津贴 1551.50 元，同时支付一次性伤残补助金、停工留薪期工资待遇、医疗费、住院护理费等各项损失共计 113.3 万余元。

法律分析

未成年工是指年满 16 周岁未满 18 岁的劳动者。李丽作为一名未成年工作人员，理应受到用人单位的特殊保护，在选择工种、劳动时间、劳动强度等方面得到照顾。而从本案事实看，未成年人李丽并没有得到法律规定的特殊劳动保护，反而被安排从事接触有毒有害物质的打胶工作。用人单位的上述行为是错误的，李丽可以向当地劳动行政部门反应，由劳动行政部门责令其改正，对其处以相应的处罚。

未成年工的身体发育尚未完全定型，正在向成熟期过渡。国家对未成年工的特殊劳动保护主要体现在以下几个方面：

1. 就业年龄的限制。确定最低就业年龄必须考虑青少年的身体发育状况以及保障他们在就业前有接受完整义务教育的时间。劳动法规定，禁止用人单位招用未满 16 周岁的未成年人。文艺、体育和特种工艺单位招用未满 16 周岁的未成年人，必须依据国家有关规定，履行审批手续并保障其受义务教育的权利。

为保障未成年人的就业权利，在就业问题上不得歧视被人民检察院免予起诉、人民法院免除刑事处罚或者宣告缓刑以及被解除收容教养或者刑满释放的已满 16 周岁的未成年人。

2. 禁止未成年工从事有害健康的工作。身体发育还未成熟的未成年工，不能适应特别繁重及危险的工作，他们对有毒有害作业的抵抗力也较弱。

3. 对未成年工实行工作时间的保护。为了保障未成年工的正常发育和继续组织他们完成文化技术学习任务，一般对未成年工实行缩短工作日制度，并且不得安排未成年工从事加班加点和夜班工作。对于某些经过批准允许招收 16 周岁以下的学徒的特殊行业，国家还规定了一些特殊的保护措施，保证他们的身心能够健康成长。例如，1961 年 5 月劳动部就在《关于教工学校学生的学习、劳动、休息时间的暂行规定》中指出，未满 16 周岁的学生，在进行生产实习时的劳动时间为，第一学年每天不得超过 6 小时，第二学年每天不得超过 7 小时，第三学年每天不得超过 8 小时。

4. 对未成年工进行健康检查。为保障未成年工的身体健康。劳动法规定，用人单位应当对未成年工定期进行健康检查。如果发现疾病或身体发育中的异常情况，应及时进行治疗。对未成年工进行定期的健康检查是用人单位的一项法定义务，用人单位不得以任何借口加以取消。

上述对未成年工的特别保护措施充分体现了对未成年人的关心和爱护，用人单位应当严格执行上述法律规定，切实保护未成年人的身心健康。用人单位违反上述规定的，由劳动行政部门责令改正，并可处以相应罚款，对未成年人造成损害的，应当承担赔偿责任。

法律依据

《劳动法》第 58 条："国家对女职工和未成年工实行特殊劳动保护。

未成年工是指年满十六周岁未满十八周岁的劳动者。"

《劳动法》第 64 条："不得安排未成年工从事矿山井下、有毒有害、国家规定的第四级体力劳动强度的劳动和其他禁忌从事的劳动。"

《劳动法》第 65 条："用人单位应当对未成年工定期进行健康

检查。"

《未成年工特殊保护规定》第2条:"未成年工是指年满十六周岁,未满十八周岁的劳动者。

未成年工的特殊保护是针对未成年工处于生长发育期的特点,以及接受义务教育的需要,采取的特殊劳动保护措施。"

《未成年工特殊保护规定》第8条:"用人单位应根据未成年工的健康检查结果安排其从事适合的劳动,对不能胜任原劳动岗位的,应根据医务部门的证明,予以减轻劳动量或安排其他劳动。"

81 劳务派遣中实际用工单位要承担哪些责任?

典型事例

王某是某劳务派遣公司派遣至某工厂的装卸工人。在一次工作中,王某被掉下的重物砸中并当场死亡。王某家属要求工厂赔偿,但工厂以劳务派遣协议中约定"王某的工伤及社会保险由劳务派遣单位承担"为由,拒绝对其赔偿,而经查明,劳务派遣单位并未为王某缴纳社保。王某家属对劳务派遣公司及工厂一并提起仲裁,仲裁庭最终裁决由派遣公司赔偿王某家属40万,工厂承担连带责任。裁决生效后王某家属向法院申请强制执行,却发现派遣公司早已人去楼空,最终40万元由工厂来支付。

法律分析

2008年颁布的《劳动合同法》将劳务派遣关系纳入其中,填补了该市场的法律空白。大量企业愿意招聘劳务派遣工,一方面节省了大量的财务成本,另一方面在责任承担上,企业往往认为一旦与劳动者发生纠纷，由于用人单位本身并未与劳动者签订劳动合同，所以风险会最终转移至派遣单位，但事实并非如此简单。

要明白上面的案例中为什么工厂会成为责任的承担者，首先应理清劳务派遣单位、用工单位与劳动者三方的法律关系。

1. 派遣单位与劳动者之间——劳动合同关系。劳务派遣单位属于用人单位，与劳动者约定的用工单位、派遣岗位、工作内容等均由《劳动合同法》来调整。

2. 用工单位与劳动者之间——特殊劳动关系。因为用工单位实际使用劳动者，但却并不与劳动者存在劳动合同关系，这种具有劳动关系与劳务关系双重性质的法律关系，被归于特殊劳动关系。在上海地区，构成特殊劳动关系的，在工作时间规定、劳动保护规定、最低工资规定方面由《劳动合同法》加以调整，其中，"劳动保护规定"包括工伤待遇。

《劳动合同法》规定，用工单位应当对派遣劳动者履行下列义务：①执行国家劳动标准，提供相应的劳动条件和劳动保护；②告知被派遣劳动者的工作要求和劳动报酬；③支付加班费、绩效奖金，提供与工作岗位相关的福利待遇；④对在岗被派遣劳动者进行工作岗位所必需的培训；⑤连续用工的，实行正常的工资调整机制。用工单位应当根据工作岗位的实际需要与劳务派遣单位确定派遣期限，不得将连续用工期限分割订立数个短期劳务派遣协议。

3. 派遣单位与用工单位之间——劳务关系。派遣单位与用工单位之间所签订的劳务派遣协议属于民事合同，双方之间是平等的民事法律主体，因此由《民法通则》、《合同法》等民事法律进行调整。

在理清了三者间的法律关系后，就不难理解为什么案例中最终由工厂进行赔偿。实质上，劳动者在一个三方关系中所具有的权利与义务都由劳动者与派遣单位签订的劳动合同衍生而来，而派遣单位又将其享有的对劳动者的使用与命令转让给用工单位，因此派遣单位与用工单位都需要对劳动者承担责任；尤其在2008年《劳动合同法》颁布后，更以立法形式明确了这一问题，第92条规定，用工单位给被派遣劳动者造成损害的，劳务派遣单位与用工单位承担连带赔偿责任。在《劳动争议调解仲裁法》第22条中也规定，劳务派遣单位或者用工单位与劳动者发生劳动争议的，劳务派遣单位和用工单位为共同当事人。

因此，用工单位在任用派遣员工时，风险防范不可小觑，该提供的劳动保护必不可少，对同工不同酬、拖欠工资等问题也应当加以重视，切勿存有派遣制下劳动者发生的损害与己无关的心理。

法 律依据

《劳动合同法》第62条："用工单位应当履行下列义务：

（一）执行国家劳动标准，提供相应的劳动条件和劳动保护；

（二）告知被派遣劳动者的工作要求和劳动报酬；

（三）支付加班费、绩效奖金，提供与工作岗位相关的福利待遇；

（四）对在岗被派遣劳动者进行工作岗位所必需的培训；

（五）连续用工的，实行正常的工资调整机制。

用工单位不得将被派遣劳动者再派遣到其他用人单位。"

《劳动合同法》第92条："违反本法规定，未经许可，擅自经营劳务派遣业务的，由劳动行政部门责令停止违法行为，没收违法所得，并处违法所得一倍以上五倍以下的罚款；没有违法所得的，可以处五万元以下的罚款。

劳务派遣单位、用工单位违反本法有关劳务派遣规定的，由劳动行政部门责令限期改正；逾期不改正的，以每人五千元以上一万元以下的标准处以罚款，对劳务派遣单位，吊销其劳务派遣业务经营许可证。用工单位给被派遣劳动者造成损害的，劳务派遣单位与用工单位承担连带赔偿责任。"

《劳动争议调解仲裁法》第22条第2款："劳务派遣单位或者用工单位与劳动者发生劳动争议的，劳务派遣单位和用工单位为共同当事人"。

82 什么是不定时工作制？需要支付加班费吗？

典型事例

王刚是安顺货运公司的司机，2006年3月王刚与公司签订了两年的劳动合同，实行不定时工时制。王刚的长途运输工作一般是根据单位的订单而定，具有不固定性，有时闲有时忙，有时去黑龙江较远的地方往返路途时间就要三四天，超过8小时工作，公司也从不给加班费。王刚找到了公司领导要求支付加班工资，公司的答复是，公司经劳动行政部门的批准，对负责长途运输的司机采用不定时工时，有时也存在几天没活的情况，拒绝了王刚的要求，公司的做法符合法律规定吗？

法律分析

不定时工作制就是不以标准工时制度确定的工作制度，企业以合理确定劳动者的劳动定额或其他考核标准来确定劳动者的工作时间和休息时间。原劳动部《关于企业实行不定时工作制和综合计算工时工作制的审批办法》第4条规定，企业中的长途运输人员，可以实行不定时工作制。本案中货运公司经劳动行政部门的批准采用不定时工时制，王刚工作时间是不固定的，不受标准工作时间的限制，超过 8 小时的工作不视为延长工作时间，不算加班加点，而是属于正常的工作时间。根据《工资支付暂行规定》第 13 条的规定，实行不定时工时制的劳动者，不适用延长工作时间发放加班费的规定。本案货运公司的做法是符合法律的。

不定时工作制，没有固定工作时间的限制，是针对因生产特点、工作性质特殊需要或职责范围的关系，需要连续上班或难以按时上下班，无法适用标准工作时间或需要机动作业的职工而采用的一种工作时间制度。《劳动法》第 39 条规定，企业因生产特点不能实行《劳动法》第 36 条、第 38 条规定的，可以实行不定时工作制或综合计算工时工作制等其他工作和休息办法。

由于不定时工作制无法按时上下班，也没有办法按照上下班时间计算出勤，所以不定时工作制的工作时间是无法统计的，不需要遵守每天工作 8 小时的要求，也不存在正常工作日延长工作时间和双休日加班的问题。通俗地说，不定时工作制是没有工作日和双休日加班的。

但是不定时工作制有法定节假日加班。因为法定节假日工作发加班费的，无须累计工作小时。所以不定时工作制岗位遇法定节假日也要提供劳动的，按照实际工作小时数计算加班费。

由于不定时工作制与标准工时制有很大的区别，所以凡是实行不定时工作制的岗位必须得到当地劳动行政部门的同意。现在不定时工作制的审批要求很高，按照劳动部《关于企业实行不定时工作制和综合计算工时工作制的审批办法》第 4 条的规定，基本锁定在以下几种情形：①企业中的高级管理人员、外勤人员、推销人员、部分值班人员和其他因工作无法按标准工作时间衡量的职工；②企业中的长途运输人员、出租汽车司机和铁路、港口、仓库的部分装卸人员以及因工作性质特殊，需机动作业的职工；③其他因生产特点、工作特殊需要或职责范围的关系，适合实行不定时工作制的职工。

法律依据

《劳动法》第 39 条："企业因生产特点不能实行本法第三十六条、第三十八条规定的，经劳动行政部门批准，可以实行其他工作和休息办法。"

劳动部《关于职工工作时间有关问题的复函》第 8 条："对于实行不定时工作制的劳动者，企业应当根据标准工时制度合理确定劳动者的劳动定额或其他考核标准，以便安排劳动者休息。其工资由企业按照本单位的工资制度和工资分配办法，根据劳动者的实际工作时间和完成劳动定额情况计发。对于符合带薪年休假条件的劳动者，企业可安排其享受带薪年休假。"

《工资支付暂行规定》第 13 条："用人单位在劳动者完成劳动定额或规定的工作任务后，根据实际需要安排劳动者在法定标准工作时间以外工作的，应按以下标准支付工资：

（一）用人单位依法安排劳动者在日法定标准工作时间以外延长工作时间的，按照不低于劳动合同规定的劳动者本人小时工资标准的 150% 支付劳动者工资；

（二）用人单位依法安排劳动者在休息日工作，而又不能安排补休的，按照不低于劳动合同规定的劳动者本人日或小时工资标准的 200% 支付劳动者工资；

（三）用人单位依法安排劳动者在法定休假节日工作的，按照不低于劳动合同规定的劳动者本人日或小时工资标准的 300% 支付劳动者工资。

实行计件工资的劳动者，在完成计件定额任务后，由用人单位安排延长工作时间的，应根据上述规定的原则，分别按照不低于其本人法定工作时间计件单价的 150%、200%、300% 支付其工资。

经劳动行政部门批准实行综合计算工时工作制的，其综合计算工作时间超过法定标准工作时间的部分，应视为延长工作时间，并应按本规定支付劳动者延长工作时间的工资。

实行不定时工时制度的劳动者，不执行上述规定。"

83 什么是综合计时工作制？怎样计算加班费？

典型事例

林某于 2009 年 3 月从老家前往上海打工，应聘到一家餐饮企业当服务员，双方签订了为期两年的劳动合同，合同约定：林某每月的固定工资为 1800 元，其所在岗位实行综合计时工作制并经劳动行政部门审批。由于餐饮企业设在风景区附近，旅游旺季尤其是法定节假日客流量大，林某只得在法定节假日正常上班。公司虽然给他安排了补休，但是没有发放加班工资。

2010 年 5 月，林某以企业未支付法定节假日的加班工资为由书面通知公司解除劳动合同，同时要求企业支付法定节假日加班工资和解除劳动合同的经济补偿金。但是企业拒绝支付加班工资，林某遂申请劳动仲裁。

法律分析

综合计算工时工作制，是指单位以标准工作时间为基础，以一定的期限为周期，综合计算工作时间的工时制度。劳动部《关于企业施行不定时工作制和综合计算工时工作制的审批办法》规定，可以实行综合计算工时工作制的职工有三种：①交通、铁路、邮电、水运、航空、渔业等行业中因工作性质特殊，需连续作业的职工；②地质及资源勘探、建筑、制盐、旅游等受季节和自然条件限制的行业的部分职工；③其他适合实行综合计算工时工作制的职工。上述企业因生产特点不能实行标准工时制的，可以实行综合计算工时工作制，即分别以周、月、季、年等为周期，综合计算工作时间。

实行综合计算工时形式的企业，无论选用周、月为周期，还是以季、年为周期综合计算工作时间，职工的平均周工作时间、月工作时间、季度工作时间、年工作时间均应与法定标准工作时间相同，超过法定标准工作时间部分，应视为延长工作时间，应按规定支付职工延长工作时间的工资，即用人单位按不低于劳动者本人小时工资标准的150%支付加班工资。如果用人单位是在法定节假日安排劳动者工作的，应按照不低于劳动者本人日或小时工资的300%支付加班工资。

由此可见，经劳动行政部门批准实行综合计算工时制的劳动者，工作日正好是休息日的，属于正常工作；工作日正好是法定节假日的，则应按本人日工资标准的300%支付加班工资。综合计算周期内的实际工作时间没有超过法定标准工作时间的部分，不支付加班工资也不调休；综合计算周期内的实际工作时间超过法定标准工作时间的部分，均按本人日或小时工资标准的150%支付加班加点工资。

在本案中，该餐饮企业以为只要给林某足够的调休时间，就可以不再支付加班工资，这种认识是错误的。同时，在综合计时工作制下，企业可以对劳动者平时延长工作时间进行调休，但是企业不能对劳动者法定节假日加班进行调休。因此，林某如果在法定节假日加班，单位应当支付加班费。

法律依据

劳动部《关于贯彻执行〈中华人民共和国劳动法〉若干问题

的意见》第62条："实行'综合计算工时工作制'的企业职工，工作日正好是休息日的，属于正常工作；工作日正好是法定节假日的，要依照劳动法第四十四条第三项的规定支付职工的工资报酬。"

《劳动法》第39条："企业因生产特点不能实行本法第三十六条、第三十八条规定的，经劳动行政部门批准，可以实行其他工作和休息办法。"

劳动部《关于企业实行不定时工作制和综合计算工时工作制的审批办法》第5条："企业对符合下列条件之一的职工，可实行综合计算工时工作制，即分别以周、月、季、年等为周期，综合计算工作时间，但其平均日工作时间和平均周工作时间应与法定标准工作时间基本相同。

（一）交通、铁路、邮电、水运、航空、渔业等行业中因工作性质特殊，需连续作业的职工；

（二）地质及资源勘探、建筑、制盐、制糖、旅游等受季节和自然条件限制的行业的部分职工；

（三）其他适合实行综合计算工时工作制的职工。"

劳动部《关于企业实行不定时工作制和综合计算工时工作制的审批办法》第6条："对于实行不定时工作制和综合计算工时工作制等其他工作和休息办法的职工，企业应根据《中华人民共和国劳动法》第一章、第四章有关规定，在保障职工身体健康并充分听取职工意见的基础上，采用集中工作、集中休息、轮休调休、弹性工作时间等适当方式，确保职工的休息休假权利和生产、工作任务的完成。"

84 | 劳动者在什么情况下可以签订无固定期限劳动合同？

典型事例

韩某等三人于 1999 年 2 月被某工厂招收为临时工，三人均为炊事员。2003 年 4 月，韩某等三人又与该工厂签订了为期七年的劳动合同。2010 年 4 月，劳动合同期满后，由于韩某等三人多年从事炊事工作，烹调技术较好，该工厂提出要与他们续订劳动合同，韩某等三人表示同意。当签订劳动合同时，韩某等三人要求签订无固定期限劳动合同，而该工厂以三人是农民工为由不同意签订无固定期限劳动合同。

法律分析

无固定期限劳动合同是指用人单位与劳动者约定无确定终止时间的劳动合同。我国《劳动合同法》第 14 条将无固定期限劳动合同规定为可以签订、应该签订及视为签订三种情形。

1. 可以签订，即用人单位与劳动者协商一致，可以签订无固定期限劳动合同。

2. 应该签订，即用人单位应与劳动者签订无固定期限劳动合同有三类情形：

（1）劳动者在该用人单位连续工作满 10 年的。这 10 年自用人单位用工之日起计算，包括劳动合同实施前的工作时间。

（2）用人单位初次实行劳动合同制度或者国有企业改制重新订立劳动合同时，劳动者在该用人单位连续工作满 10 年且距法定退休年龄不足 10 年的。

（3）连续订立二次固定期限劳动合同，且劳动者没有《劳动合同法》第 39 条和第 40 条第 1 项、第 2 项规定的情形，续订劳动合同的。

　　需要注意的是，用人单位与劳动者连续二次订立固定期限劳动合同，是指自 2008 年 1 月 1 日起，用人单位与劳动者的固定劳动合同次数，跨年度的劳动合同和仅约定试用期的合同都可以视为一次固定期限劳动合同，再次签订的合同到期后，劳动者不存在《劳动合同法》第 39 条和第 40 条第 1 项、第 2 项规定的法定被解除劳动合同情形的，则用人单位应在合同期满后与劳动者签订无固定期限劳动合同。另外，自 2008 年 1 月 1 日后，试用期应包含在劳动合同期限内，劳动合同仅约定试用期的，试用期不成立，该期限为劳动合同期限。因此，用人单位应注意不要将试用期约定成一次固定期限劳动合同。上文所述《劳动合同法》第 39 条和第 40 条第 1 项、第 2 项规定的情形是指：①在试用期间被证明不符合录用条件的；②严重违反用人单位的规章制度的；③严重失职，营私舞弊，给用人单位造成重大损害的；④劳动者同时与其他用人单位建立劳动关系，对完成本单位的工作任务造成严重影响，或者经用人单位提出，拒不改正的；⑤以欺诈、胁迫的手段或者乘人之危，使对方在违背真实意思的情况下订立或者变更劳动合同致使劳动合同无效的；⑥被依法追究刑事责任的；⑦劳动者患病或者非因工负伤，在规定的医疗期满后不能从事原工作，也不能从事由用人单位另行安排的工作的；⑧劳动者不能胜任工作，经过培训或者调整工作岗位，仍不能胜任工作的。

　　3. 视为签订：用人单位自用工之日起满 1 年不与劳动者订立书面劳动合同的，视为用人单位与劳动者已订立无固定期限劳动合同。

　　在本案中，韩某等三人已经在单位连续工作了 10 年以上，根据法律的规定，该工厂应当与韩某等三人签订无固定期限劳动合同。韩某等人可以通过劳动仲裁，维护自己的合法权益。

　　但是，值得我们注意的是，无固定期限劳动合同既不意味着这是一个铁饭碗，也不意味着这是一份终身合同。一般来讲，只要符合法定情形，履行法定程序，无固定期限劳动合同也是可以解除的。

法 律依据

　　《劳动合同法》第 14 条："无固定期限劳动合同，是指用人单位与劳动者约定无确定终止时间的劳动合同。

　　用人单位与劳动者协商一致，可以订立无固定期限劳动合同。有下列情形之一，劳动者提出或者同意续订、订立劳动合同的，除劳动者提出订立固定期限劳动合同外，应当订立无固定期限劳动合同：

　　（一）劳动者在该用人单位连续工作满十年的；

　　（二）用人单位初次实行劳动合同制度或者国有企业改制重新订立劳动合同时，劳动者在该用人单位连续工作满十年且距法定退休年龄不足十年的；

　　（三）连续订立二次固定期限劳动合同，且劳动者没有本法第三十九条和第四十条第一项、第二项规定的情形，续订劳动合同的。

　　用人单位自用工之日起满一年不与劳动者订立书面劳动合同的，视为用人单位与劳动者已订立无固定期限劳动合同。"

　　《劳动合同法》第 82 条："用人单位自用工之日起超过一个月不满一年未与劳动者订立书面劳动合同的，应当向劳动者每月支付二倍的工资。

　　用人单位违反本法规定不与劳动者订立无固定期限劳动合同的，自应当订立无固定期限劳动合同之日起向劳动者每月支付二倍的工资。"

85 用人单位非法解除劳动合同，经济补偿金和经济赔偿金能同时主张吗？

典 型事例

冯某为一国企公司四川片区总负责人，其所签劳动合同至2015 年 11 月到期。2014 年 11 月，公司以"由于四川片区被撤销，不再设置四川片区经理岗位"为由，书面通知冯某解除劳动合同，并支付其经济补偿金和一个月的代通知金。冯某认为公司在未与其进行协商的情况下直接解除劳动合同，违反了《劳动法》的相关规定，遂寻求律师帮助申请劳动仲裁，要求公司支付经济补偿金、赔偿金和代通知金。

法 律分析

根据相关法律规定，经济补偿金和赔偿金不能同时主张。支付经济补偿金是用人单位合法解除劳动关系应承担的法定义务，具有补偿性质；而支付赔偿金则是用人单位违法行使劳动合同解除权时应当承担的法定责任，明显带有惩罚意味，两者性质完全不同，若同时提出这两项请求显然不符合法律规定。

根据我国相关法律法规规定，用人单位违法解除或者终止劳动合同，依法支付了赔偿金的，不再支付经济补偿金。赔偿金的计算年限自用工之日起计算。所以用人单位违法解除劳动合同，支付了赔偿金的，即可以不再向劳动者支付经济补偿金，此时劳动者不可同时主张经济补偿金与经济赔偿金。但是如果用人单位违法解除劳动合同后，未依照法律、法规规定给予劳动者经济补偿的，应当向劳动者支付双倍的经济赔偿金。反之，用人单位支付了经济补偿的，劳动者就不能再主张经济赔偿金，即不可两者同时主张。

在本案中，用人单位因公司客观情况发生重大变化导致劳动合同不能履行，提前 30 日以书面形式通知劳动者本人或者额外支付劳动者一个月工资后，可以解除劳动合同，此时只需支付经济补偿金。但是，如果本案中用人单位未提前 30 日以书面形式通知劳动者本人或者额外支付劳动者一个月工资，此时解除劳动合同就属于非法解除劳动合同，就不属于支付经济补偿金的范围，而属于支付经济赔偿金的情形。

法律依据

《劳动合同法》第 40 条："有下列情形之一的，用人单位提前三十日以书面形式通知劳动者本人或者额外支付劳动者一个月工资后，可以解除劳动合同：

（一）劳动者患病或者非因工负伤，在规定的医疗期满后不能从事原工作，也不能从事由用人单位另行安排的工作的；

（二）劳动者不能胜任工作，经过培训或者调整工作岗位，仍不能胜任工作的；

（三）劳动合同订立时所依据的客观情况发生重大变化，致使劳动合同无法履行，经用人单位与劳动者协商，未能就变更劳动合同内容达成协议的。"

《劳动合同法》第 46 条："有下列情形之一的，用人单位应当向劳动者支付经济补偿：

（一）劳动者依照本法第三十八条规定解除劳动合同的；

（二）用人单位依照本法第三十六条规定向劳动者提出解除劳动合同并与劳动者协商一致解除劳动合同的；

（三）用人单位依照本法第四十条规定解除劳动合同的；

（四）用人单位依照本法第四十一条第一款规定解除劳动合同的；

（五）除用人单位维持或者提高劳动合同约定条件续订劳动合同，劳动者不同意续订的情形外，依照本法第四十四条第一项规定终止固定期限劳动合同的；

（六）依照本法第四十四条第四项、第五项规定终止劳动合同的；

（七）法律、行政法规规定的其他情形。"

《劳动合同法》第 87 条："用人单位违反本法规定解除或者终止劳动合同的，应当依照本法第四十七条规定的经济补偿标准的二倍向劳动者支付赔偿金。"

86 失业的职工，医疗保险怎么办？

典型事例

王长庆是一家国有企业的人力资源经理，最近他正为一件事情犯难。原来，金融危机以后，王长庆所在企业的生产效益一直没有明显改善，大量职工处于停工状态，企业濒临破产。然而，在破产清算过程中，王长庆发现企业还有将近 20 名休长病假的老职工。由于长年休病假，这些老职工家庭经济条件普遍不好，目前，这些老职工仅靠企业为其缴纳的医疗保险待遇报销医药费。如果企业一旦破产，企业将不再为职工缴纳社会保险费，他们该怎么办呢？王长庆于是来到当地社保机构询问。

法律分析

我们知道一个职工失业了，符合一定条件的话，可以领取失业保险金，但是，失业保险金只是最基本的生活保障，他们生病了谁给买单，他们的医疗保险怎么办？

《社会保险法》第 48 条规定："失业人员在领取失业保险金期间，参加职工基本医疗保险，享受基本医疗保险待遇。失业人员应当缴纳的基本医疗保险费从失业保险基金中支付，个人不缴纳基本医疗保险费。"也就是说，如果失业人员符合领取失业保险金的条件，并且正在领取失业保险金，那么失业保险基金将为失业人员缴纳职工基本医疗保险费，失业人员本人无须缴纳基本医疗保险费。

那么，失业人员又能享受多长时间的职工医疗保险待遇呢？人力资源和社会保障部《关于领取失业保险金人员参加职工基本医疗保险有关问题的通知》（人社部发〔2011〕77 号）规定："领取失业保险金人员参加职工医保的缴费率原则上按照统筹地区的缴费率确定。缴费基数可参照统筹地区上年度职工平均工资的一定比例确定，最低比例不低于 60%。失业保险经办机构为领取失业保险金人员缴纳基本医疗保险费的期限与领取失业保险金期限相一致。"因此，对于王长庆所在企业的老职工而言，他们在失业后享受职工医疗保险待遇的期限与他们领取失业保险金的期限是一致的。

关于如何确定失业人员领取失业保险金的期限的问题，《社会保险法》第 46 条规定："失业人员失业前用人单位和本人累计缴费满一年不足五年的，领取失业保险金的期限最长为十二个月；累计缴费满五年不足十年的，领取失业保险金的期限最长为十八个月；累计缴费十年以上的，领取失业保险金的期限最长为二十四个月。重新就业后，再次失业的，缴费时间重新计算，领取失业保险金的期限与前次失业应当领取而尚未领取的失业保险金的期限合并计算，最长不超过二十四个月。"也就是说，根据职工与用人单位参加社会保险时间的长短，职工失业后可以享受十二个月至二十四个月不等的失业保险待遇，而职工失业后享受职工医疗保险待遇的时间与此期限应当是一致的。

　　对于王长庆所在企业的老职工而言，企业破产后，他们需要持本单位为其出具的终止或者解除劳动关系的证明，及时到指定机构办理失业登记。从办理失业登记之日起，失业人员即可凭失业登记证明和个人身份证明，到失业保险经办机构办理领取失业保险金的手续及职工医疗保险参保手续。这样不但可以满足失业职工的医疗之需，也可以消解他们的家庭经济负担。

法律依据

　　《社会保险法》第 46 条："失业人员失业前用人单位和本人累计缴费满一年不足五年的，领取失业保险金的期限最长为十二个月；累计缴费满五年不足十年的，领取失业保险金的期限最长为十八个月；累计缴费十年以上的，领取失业保险金的期限最长为二十四个月。重新就业后，再次失业的，缴费时间重新计算，领取失业保险金的期限与前次失业应当领取而尚未领取的失业保险金的期限合并计算，最长不超过二十四个月。"

　　《社会保险法》第 48 条："失业人员在领取失业保险金期间，参加职工基本医疗保险，享受基本医疗保险待遇。失业人员应当缴纳的基本医疗保险费从失业保险基金中支付，个人不缴纳基本医疗保险费。"

87 工伤之后"私了"，员工还可以起诉吗？

典型事例

　　2005 年 9 月 23 日，曹某通过招聘会进入某电子公司工作，双方签订了劳动合同。2005 年 10 月 20 日，曹某在工作中不慎受伤，次年 5 月 24 日，经劳动和社会保障局认定为工伤。2009 年 6 月 24 日，曹某被鉴定为伤残七级。据曹某说，2006 年 12 月 1 日，在他被认定为工伤后，单位便找他谈话，双方协商后签订了一份《协议书》，主要内容为：签订本协议后，某电子公司一次性支付曹某 68000 元，双方劳动关系、工伤保险关系终止。之后，双方未实际履行该协议。

2009 年 9 月 7 日，某电子公司出具《辞职证明书》，称曹某于 2005 年 9 月进入本公司，现因个人原因提出离职，双方劳动关系解除。离职后，曹某申请仲裁，要求某电子公司支付三项工伤待遇。仲裁委员会支持了曹某的仲裁请求。电子公司不服，诉至法院，法院亦认为，曹某系某电子公司职工，其在工作中受伤，并已被认定为工伤，依法应享受相应工伤待遇。双方就工伤处理事宜虽于 2006 年 12 月 1 日签订了协议，但某电子公司并未按协议约定向曹某支付相关补偿金，双方的劳动关系也未实际终止。因此，该协议对曹某不具有约束力，曹某依法享有获得相应工伤补偿的权利。

法律分析

劳动者因工作遭受事故伤害，经相关劳动部门认定为工伤的，有权利享受工伤保险待遇。如果劳动者受工伤后用人单位与劳动者私下达成赔偿协议，之后劳动者又就工伤保险待遇提起仲裁和诉讼，要求用人单位按照工伤保险待遇赔偿，则仲裁机构和人民法院应综合衡量意思自治原则和公平原则，对赔偿协议的效力做出具体判断。

如果赔偿协议是在劳动者已认定工伤和评定伤残等级的情况下签订的，且不存在欺诈、胁迫或者乘人之危的情形，那么应该尊重双方当事人的意思自治，认定协议有效。但是如果劳动者能举证证明该协议存在重大误解或显失公平等情形，符合合同变更或撤销情形的，法院应当根据实际情况进行处理。

如果赔偿协议是在劳动者未经劳动行政部门认定工伤和评定伤残等级的情形下签订的，且劳动者实际所获补偿明显低于法定工伤保险待遇标准，则可以变更或撤销补偿协议，判决用人单位补足双方协议低于工伤保险待遇的差额部分。

法律依据

《合同法》第 52 条："有下列情形之一的，合同无效：

（一）一方以欺诈、胁迫的手段订立合同，损害国家利益；

（二）恶意串通，损害国家、集体或者第三人利益；

（三）以合法形式掩盖非法目的；

（四）损害社会公共利益；

（五）违反法律、行政法规的强制性规定。"

《合同法》第 54 条："下列合同，当事人一方有权请求人民法院或者仲裁机构变更或者撤销：

（一）因重大误解订立的；

（二）在订立合同时显失公平的。

一方以欺诈、胁迫的手段或者乘人之危，使对方在违背真实意思的情况下订立的合同，受损害方有权请求人民法院或者仲裁机构变更或者撤销。

当事人请求变更的，人民法院或者仲裁机构不得撤销。"

《劳动法》第 57 条："国家建立伤亡和职业病统计报告和处理制度。县级以上各级人民政府劳动行政部门、有关部门和用人单位应当依法对劳动者在劳动过程中发生的伤亡事故和劳动者的职业病状况，进行统计、报告和处理。"

《劳动争议调解仲裁法》第 4 条："发生劳动争议，劳动者可以与用人单位协商，也可以请工会或者第三方共同与用人单位协商，达成和解协议。"

88 职工不申请年休假，单位就可以不给年休假待遇吗？

典型事例

大学生卢某于 2009 年 5 月到某纺织品公司工作。2011 年 4 月，卢某提出辞职。工作期间，纺织品公司未与卢某签订劳动合同，未安排卢某休带薪年休假。2011 年 5 月 20 日，卢某离开单位办交接手续后，双方因年休假工资发生争议。卢某于 2011 年 7 月向某劳动争议仲裁机构提起劳动争议仲裁，要求纺织品公司给付其 5 天的未休年休假工资差额 825 元，给付未签订书面劳动合同的双倍工资差额 13200 元。该纺织品公司认为，关于年休假工资，并非单位不给，是因卢某在工作期间未向单位提出休带薪年休假申请。根据单位"休假必须提交申请，否则不予批准或按旷工处理"的规定，卢某不应得到 300% 的年休假工资。劳动争议仲裁机构经过审理后支持了卢某的仲裁请求。

法津分析

带薪年休假是国家规定的职工法定休假制度。如果单位无法安排职工休年休假，应该依照规定给予职工 300% 未休年休假天数的工资。但是，如果职工没有主动申请休假，单位能否以此为理由拒绝支付年休假待遇呢？

一般单位均有请销假制度。休假必"请"，已成为人们的共识。例如，某单位的请假程序为：职工填写请假单，报主管、经理批准后，送至人力资源部备案。但是，这主要是针对个别人的私假而言，如病假、丧假，职工不"请"，单位怎么会知道职工有休假需要呢？而对于公假，如元旦、春节等显然不"请"即可如期而休了。那么，带薪年休假又该怎样呢？

国务院制定的《职工带薪年休假条例》（下称《条例》）第2条规定："机关、团体、企业、事业单位、民办非企业单位、有雇工的个体工商户等单位的职工连续工作1年以上的，享受带薪年休假（以下简称年休假）……"第4条规定："职工有下列情形之一的，不享受当年的年休假：（一）职工依法享受寒暑假，其休假天数多于年休假天数的；（二）职工请事假累计20天以上且单位按照规定不扣工资的；（三）累计工作满1年不满10年的职工，请病假累计2个月以上的……"

由此可以看出，只要职工不存在《条例》第4条规定的任一情形，且连续工作1年以上即可享受年休假待遇。实践中，这两个条件是用人单位应当掌握、遵守的，且是可以预见的，而不像病假、丧假等私假不可预料。因此，用人单位完全可以根据其掌握的情况确认应享受年休假的职工名单，再结合本单位情况统筹安排职工年休假。

统筹安排职工年休假是单位应尽的义务。《条例》第5条第1款规定："单位根据生产、工作的具体情况，并考虑职工本人意愿，统筹安排职工年休假。"由此可以看出，年休假的安排，单位起主导作用，由其根据生产、工作情况统筹安排，同时在条件允许的情况下考虑职工意愿。人力资源和社会保障部制定的《企业职工带薪年休假实施办法》第10条第2款规定："用人单位安排职工休年休假，但是职工因本人原因且书面提出不休年休假的，用人单位可以只支付其正常工作期间的工资收入。"可以看出，单位要免除支付未休年休假天数的额外工资部分，必须拿出两方面的证明材料：一是单位对职工年休假已做出了安排；二是职工不休年休假是因其本人原因。这进一步说明了单位在年休假安排中所起的主导作用。因此，单位不予批准职工提出的休年休假申请，不能作为职工享受未休年休假 300% 工资的障碍。

当然，处于从属地位的职工临时有事，为了避免请事假扣除工资，也可以主动提出申请休年休假。此种情况，职工需要依照单位规定履行请假手续。这与《条例》等关于年休假的规定是不相悖的。但不能因此而将休年休假理解为必须依职工的申请而休，否则不予支付 300% 未休年休假天数的工资。

法律依据

《职工带薪年休假条例》第 2 条："机关、团体、企业、事业单位、民办非企业单位、有雇工的个体工商户等单位的职工连续工作 1 年以上的，享受带薪年休假（以下简称年休假）。单位应当保证职工享受年休假。职工在年休假期间享受与正常工作期间相同的工资收入。"

《职工带薪年休假条例》第 4 条："职工有下列情形之一的，不享受当年的年休假：

（一）职工依法享受寒暑假，其休假天数多于年休假天数的；

（二）职工请事假累计 20 天以上且单位按照规定不扣工资的；

（三）累计工作满 1 年不满 10 年的职工，请病假累计 2 个月以上的；

（四）累计工作满 10 年不满 20 年的职工，请病假累计 3 个月以上的；

（五）累计工作满 20 年以上的职工，请病假累计 4 个月以上的。"

《企业职工带薪年休假实施办法》第 10 条第 2 款："用人单位安排职工休年休假，但是职工因本人原因且书面提出不休年休假的，用人单位可以只支付其正常工作期间的工资收入。"

89 服务期未满，劳动合同能否终止?

典型事例

张某是上海某机械股份有限公司的工程师，于 2008 年入职，与公司签订了为期三年的劳动合同，合同期至 2010 年 12 月 31 日。由于张某工作表现出色，公司决定对其重点培养。2009 年初，公司特别出资将其送到海外总公司进行为期半年的技术培训。双方为此签订了一份《培训服务协议》，协议约定：培训后张某应当为公司履行五年的服务期，如张某在服务期内提出辞职或提前离职，应当向公司支付违约金，违约金按照培训费总额根据服务年限等比例递减。2010 年 12 月 31 日，张某劳动合同到期。公司表示因经济形势不好，企业经营业绩大幅下滑，故公司决定不再与其续延劳动合同至服务期结束。双方终止劳动关系并办理了退工手续。张某认为，他与公司签订了服务期协议，尽管双方的劳动合同期满，公司也不可随意终止与他的劳动关系。故张某向劳动争议仲裁委员会提起申请，要求公司恢复与他的劳动关系。

法律分析

一般而言，双方劳动合同期满后可自然终止。若用人单位不愿再与劳动者续签，应支付相应的经济补偿金。若用人单位维持或者提高劳动合同约定条件续订劳动合同，劳动者不同意续签的，则无须支付经济补偿金。

本案的特殊性在于，双方签订劳动合同后，劳动者又与公司签订了一份服务期协议。服务期是用人单位以给付一定培训费用为代价，要求接受对价的劳动者为用人单位提供相应服务的约定。劳动者与用人单位签订了服务期协议之后，其为公司服务的期限就不仅仅受到劳动合同期限的约束，更受到服务期义务的约束。若劳动者在服务期内违反相关服务期义务提前离职，用人单位有权根据约定要求劳动者支付违约金。

本案的焦点问题是，双方的劳动合同已经期满，而员工的服务期却未履行完毕，在该情形下，用人单位与劳动者应当如何处理剩余未履行的服务期呢？

对这个问题，2009 年《上海市高级人民法院关于适用〈劳动合同法〉若干问题的意见》第 6 条有明确规定："用人单位依约支付相应对价后，即已完全履行自己的合同义务，是否要求劳动者履行提供服务则成为用人单位的权利。基于民事权利都可以放弃的原则，在劳动合同期满后用人单位放弃对剩余服务期要求的，应当准许。此时，劳动合同可以终止，但用人单位不得向劳动者追索服务期的赔偿责任；用人单位继续提供工作岗位并要求劳动者履行服务期约定的，双方当事人应当继续履行。继续履行合同期间，用人单位不提供工作岗位的，视为其放弃对剩余服务期的要求，劳动合同终止。"

本案中，如果公司在劳动合同期满后能够继续提供张某原有岗位，则劳动者应继续履行其服务期义务，与公司续签劳动合同。但公司不能继续提供劳动者原岗位，则应视作其放弃对剩余服务期的要求，双方的劳动合同可以终止。

法 律依据

《上海市高级人民法院关于适用〈劳动合同法〉若干问题的意见》第 6 条："服务期是用人单位以给付一定培训费用为代价，要求接受对价的劳动者为用人单位相应提供服务的约定。用人单位依约支付相应对价后，即已完全履行自己的合同义务，是否要求劳动者履行提供服务则成为用人单位的权利。基于民事权利都可以放弃的原则，在劳动合同期满后用人单位放弃对剩余服务期要求的，应当准许。此时，劳动合同可以终止，但用人单位不得向劳动者追索服务期的赔偿责任；用人单位继续提供工作岗位并要求劳动者履行服务期约定的，双方当事人应当继续履行。继续履行合同期间，用人单位不提供工作岗位的，视为其放弃对剩余服务期的要求，劳动合同终止。"

90 劳动者对工伤认定不服能否直接起诉？

典型事例

农民工丁长江于 2004 年 11 月 6 日向市劳动局申请工伤认定，市劳动局于 2004 年 12 月 21 日做出宜劳社工认（2004）第 369 号《工伤认定决定书》，该决定书确认以下事实：2004 年 10 月 26 日由宜昌久丰制网有限公司（以下简称久丰制网公司）安排丁长江到浙江省衢州市双堂头村生产加工基地编网，扎钢筋时，钢筋反弹将其右眼扎伤。事发后，丁长江到当地集古医院治疗，因无钱而转回宜昌市万寿医院治疗，诊断为右眼内容剜除术后。市劳动局根据国务院《工伤保险条例》第 14 条第 1 项的规定，认定丁长江为工伤，并告知久丰制网公司，若对本决定不服，可在收到本决定书之日起 60 日内向市人民政府或省劳动和社会保障厅申请行政复议，复议不服的向西陵区人民法院提起行政诉讼，即告知了久丰制网公司复议是前置程序。市劳动局于 2005 年 1 月 28 日送达久丰制网公司，该公司在复议期内未申请行政复议，2005 年 6 月 2 日，该公司以市劳动局做出具体行政行为时未告知起诉期限为由直接向法院提起行政诉讼。

法津分析

工伤行政确认案件中，行政复议是否为提起行政诉讼必经的前置程序，是目前在行政诉讼中遇到的一个较普遍的问题，各地法院做法不一致。实践中对工伤行政确认不服，申请行政复议的较少，大多数直接向法院提起行政诉讼，因工伤行政确认类案件不但增长，加大了人民法院的工作负担。国务院《工伤保险条例》于 2004 年 1 月 1 日施行，2010 年被修订。修订之后的《工伤保险条例》第 55 条第 2 项规定，申请工伤认定的职工或其近亲属、该职工所在单位对工伤认定结论不服的，可以依法申请行政复议，也可以依法向人民法院提起行政诉讼。

本案行政复议发生于 2005 年，当时《工伤保险条例》将行政复议规定为行政诉讼的前置程序，所以根据工伤行政确认案件行政复议是提起行政诉讼必经的前置条件的观点，一审裁定驳回了原告宜昌久丰制网有限公司的起诉。原告不服，上诉于湖北省宜昌市中级人民法院，二审法院裁定驳回上诉，维持原裁定。

法津依据

《工伤保险条例》第 55 条："有下列情形之一的，有关单位或者个人可以依法申请行政复议，也可以依法向人民法院提起行政诉讼：

（一）申请工伤认定的职工或者其近亲属、该职工所在单位对工伤认定申请不予受理的决定不服的；

（二）申请工伤认定的职工或者其近亲属、该职工所在单位对工伤认定结论不服的；

（三）用人单位对经办机构确定的单位缴费费率不服的；

（四）签订服务协议的医疗机构、辅助器具配置机构认为经办机构未履行有关协议或者规定的；

（五）工伤职工或者其近亲属对经办机构核定的工伤保险待遇有异议的。"

91 被派遣劳动者无工作期间，是否有权主张工资？标准如何确定？

典型事例

2008 年 3 月 18 日，张某和某会展中心签订《劳动合同书（派遣类)》，约定：劳动合同期限为 2008 年 4 月 20 日至 2008 年 8 月 8 日，某会展中心将张某派遣至用工单位的派遣期限也是 2008 年 4 月 20 日起至 2008 年 8 月 8 日，张某的工作地点为奥运火炬传递沿线，工作岗位为驾驶员，工作内容为三星奥运火炬传递活动，工作期间的劳动报酬为税后每月 5000 元，每月 15 日支付到员工指定的银行账号内。2008 年 8 月 8 日奥运会开幕之后，某会展中心未再安排张某工作。2009 年 8 月 13 日，张某向北京市劳动争议仲裁委员会提出申诉，要求与某会展中心继续履行合同、支付工作期间的劳动报酬。2009 年 8 月 18 日，劳动争议仲裁委员会以张某的请求已超过仲裁时效为由，做出不予受理决定书。张某不服，诉至法院，一审法院判决某会展公司继续履行与张某的劳动合同并于判决生效后 7 日内向张某支付 2008 年 8 月至 2009 年 9 月的工资 10400 元。某会展公司不服判决，提起上诉，二审法院审理后维持了一审判决。

法津分析

本案争议的焦点是：被派遣劳动者无工作期间，是否有权主张工资？标准如何确定？根据《劳动合同法》的相关规定，劳务派遣单位应当与被派遣劳动者订立两年以上的固定期限劳动合同，

病。为此小温找到劳务公司王经理要求公司赔偿,王经理推托说小温的伤是由于为煤矿工作造成的,不应由他们负责,让小温找煤矿公司。于是小温找到煤矿公司,可煤矿公司认为小温与自己没有劳动合同关系,应由劳务公司先行赔偿。双方都推脱责任,小温应该何去何从呢?

法津分析

劳务派遣是非常特殊的用工形式,涉及三方主体:派遣单位、用工单位、劳动者;形成两个法律关系:派遣单位与劳动者是劳动关系,用工单位与劳动者是劳务派遣关系。劳务派遣合同的履行把三方形成的劳动关系和民事法律关系结合在一起。由于这两种法律关系产生的纠纷性质不同,处理争议的程序、适用的法律以及时效也各不相同。可以说,劳动者与派遣单位是有关系没劳动,劳动者与用工单位是有劳动没关系。为防止出现被派遣劳动者权益受到损害后,劳务派遣单位和用工单位相互推诿,或者劳务派遣单位没有能力承担赔偿责任的现象,《劳动合同法》规定,用工单位违反法律规定使被派遣劳动者权益受到损害的,劳务派遣单位与用人单位承担连带赔偿责任。

《劳动法》第 59 条规定,禁止安排女职工从事矿山井下劳动,所以对于劳务派遣单位来说,安排小温下煤矿工作是违反法律规定的。根据连带责任的原理,小温既可以向煤矿公司主张赔偿,也可以向劳务公司主张,或者可以向他们同时要求赔偿,两单位在赔偿后可以根据双方之前的协议确定最终责任的分担,但不能以此为由拒绝向劳动者履行义务。

法津依据

《劳动合同法》第 92 条:"违反本法规定,未经许可,擅自经营劳务派遣业务的，由劳动行政部门责令停止违法行为，没收违法所得，并处违法所得一倍以上五倍以下的罚款；没有违法所得的，可以处五万元以下的罚款。

劳务派遣单位、用工单位违反本法有关劳务派遣规定的，由劳动行政部门责令限期改正；逾期不改正的，以每人五千元以上一万元以下的标准处以罚款，对劳务派遣单位，吊销其劳务派遣业务经营许可证。用工单位给被派遣劳动者造成损害的，劳务派遣单位与用工单位承担连带赔偿责任。"

《劳动法》第 59 条："禁止安排女职工从事矿山井下、国家规定的第四级体力劳动强度的劳动和其他禁忌从事的劳动。"

《女职工劳动保护特别规定》第 4 条："用人单位应当遵守女职工禁忌从事的劳动范围的规定。用人单位应当将本单位属于女职工禁忌从事的劳动范围的岗位书面告知女职工。

女职工禁忌从事的劳动范围由本规定附录列示。国务院安全生产监督管理部门会同国务院人力资源社会保障行政部门、国务院卫生行政部门根据经济社会发展情况，对女职工禁忌从事的劳动范围进行调整。"

《女职工劳动保护特别规定附录》："女职工禁忌从事的劳动范围：

（一）矿山井下作业；

（二）体力劳动强度分级标准中规定的第四级体力劳动强度的作业；

（三）每小时负重 6 次以上、每次负重超过 20 公斤的作业，或者间断负重、每次负重超过 25 公斤的作业。"

93 遭用人单位侮辱，劳动者该怎样维权？

典型事例

案例一：迟到早退被示众。因父母有病需要照料，在前一天下午早退 15 分钟的郭枫，又在 2011 年 9 月 19 日上午迟到了 10 分钟。为"杀一儆百"，公司不问青红皂白即决定让郭枫光着上身、挂着"我迟到早退，罪该万死"的牌子，站在公司门口示众两个小时。期间，不仅引来了众人围观，而且郭枫虽被太阳烤晒，却不准躲在阴凉处、不准喝水。

案例二：业绩差被戴高帽。按照公司目标管理考核，吴萌因业绩较差，曾被公司在业绩公示栏中黄牌警告。可在 2011 年第三季度，吴萌虽经百般努力，却仍是"垫底"。为好好地刺激吴萌，也为好好地督促其他员工，公司于 2011 年 10 月 9 日，让吴萌戴上写有"不努力工作就是犯罪"的高帽，由部门经理押着，到每一部门、每一办公室"展览"。

案例三：顶撞领导被画脸。2011 年 11 月 2 日，周微姗因感觉自己所在的机台漏电，而停下工作等待机修工检修。公司分管生产的副总检查工作时，以周微姗消极怠工为由，不容分说就是一顿大骂。周微姗一气之下，顺手操起一把扳手朝副总甩去，然后哭着离开了。副总觉得其恶意冒犯自己，为树立自身威信，强令周微姗自画花脸上班一下午。

案例四：用乞讨考评员工。"求你给些钱吧，我都一天没吃饭了。"2011 年 12 月 25 日，一处广场突然出现了一群穿着破衣烂衫的乞讨者。其实，他们并非真正的"乞丐"，而是公司在开展"户外销售产品实践"活动，参与者除必须当场推销出一定产品外，还需要向行人最少乞讨到 10 元钱，如果讨不到钱或不足 10 元，参与者便将被辞退或降薪。

法律分析

应当肯定，用人单位侮辱员工的行为是违法的。《民法通则》第 101 条规定："公民、法人享有名誉权，公民的人格尊严受法律保护，禁止用侮辱、诽谤等方式损害公民、法人的名誉。"员工虽然与用人单位存在劳动关系，但员工仍然属于公民，用人单位不管出于什么原因、基于什么理由、出自什么规章，其都无权对员工肆意妄为地实施侮辱。

那么，员工应怎样维护自己的名誉权呢？

1. 让用人单位承担民事责任。最高人民法院《关于审理名誉权案件若干问题的解答》第 7 条规定："是否构成侵害名誉权的责任，应当根据受害人确有名誉被损害的事实、行为人行为违法、违法行为与损害后果之间有因果关系、行为人主观上有过错来认定。"也就是说，只要员工的名誉受到损害、只要用人单位的行为违法、只要员工的损害与用人单位的违法行为之间存在法律意义上的关联、只要用人单位存在故意或过失，均构成侵害员工名誉权（上述案例当属其列），且必须承担责任。《民法通则》第 120 条第 1 款规定："公民的姓名权、肖像权、名誉权、荣誉权受到侵害的，有权要求停止侵害，恢复名誉，消除影响，赔礼道歉，并可以要求赔偿损失。"即如果用人单位的侮辱行为未造成损害后果，员工可以要求其停止侵害、赔礼道歉；如果用人单位的侮辱行为造成了损害后果，员工不仅可以要求其停止侵害、赔礼道歉，还可以请求消除影响、赔偿损失。

这里所说的损失包括：直接损失，如员工因受刺激引发疾病所产生的医疗费、误工工资、护理费等；精神损失，最高人民法院《关于确定民事侵权精神损害赔偿责任若干问题的解释》第 1

条、第 8 条规定，侵犯名誉权致人精神损害造成严重后果的，应赔偿相应的精神损害抚慰金。

此外，最高人民法院《关于审理人身损害赔偿案件适用法律若干问题的解释》第 8 条第 1 款规定："法人或者其他组织的法定代表人、负责人以及工作人员，在执行职务中致人损害的，依照《民法通则》第 121 条的规定，由该法人或者其他组织承担民事责任。上述人员实施与职务无关的行为致人损害的，应当由行为人承担赔偿责任。"即员工不仅有权要求用人单位作为承担赔偿责任的主体承担民事责任，还可以要求与职务无关的直接责任人员担责。

2. 让用人单位承担行政责任。《劳动法》第 96 条规定，用人单位侮辱劳动者的，由公安机关对责任人员处以 15 日以下拘留、罚款或者警告。同时，根据最高人民法院《关于审理名誉侵权案件若干问题的解答》第 2 条之规定，员工在公共场所受到侮辱，向法院提起民事诉讼的，无论是否经公安机关依照《治安管理处罚法》处理，法院均应依法审查，符合受理条件的，应予受理。

3. 让用人单位承担刑事责任。《劳动合同法》第 88 条规定，用人单位侮辱员工，构成犯罪的，依法追究刑事责任。《刑法》第 246 条规定："以暴力或者其他方法公然侮辱他人或者捏造事实诽谤他人，情节严重的，处三年以下有期徒刑、拘役、管制或者剥夺政治权利。"同时，最高人民法院《关于审理名誉侵权案件若干问题的解答》第 3 条指出："当事人提起名誉权诉讼后，以同一事实和理由又要求追究被告刑事责任的，应中止民事诉讼，待刑事案件审结后，根据不同情况分别处理：对于犯罪情节轻微，没有给予被告人刑事处罚的，或者刑事自诉已由原告撤回或者被驳回的，应恢复民事案件的审理；对于民事诉讼请求已在刑事附带民事诉讼中解决的，应终结民事案件的审理。"

法律依据

《民法通则》第 101 条："公民、法人享有名誉权，公民的人格尊严受法律保护，禁止用侮辱、诽谤等方式损害公民、法人的名誉。"

最高人民法院《关于审理名誉权案件若干问题的解答》第 7 条："是否构成侵害名誉权的责任，应当根据受害人确有名誉被损害的事实、行为人行为违法、违法行为与损害后果之间有因果关系、行为人主观上有过错来认定。"

《民法通则》第 120 条第 1 款："公民的姓名权、肖像权、名誉权、荣誉权受到侵害的，有权要求停止侵害，恢复名誉，消除影响，赔礼道歉，并可以要求赔偿损失。"

《劳动法》第 96 条："用人单位有下列行为之一，由公安机关对责任人员处以十五日以下拘留、罚款或者警告；构成犯罪的，对责任人员依法追究刑事责任：

（一）以暴力、威胁或者非法限制人身自由的手段强迫劳动的；

（二）侮辱、体罚、殴打、非法搜查和拘禁劳动者的。"

《劳动合同法》第 88 条："用人单位有下列情形之一的，依法给予行政处罚；构成犯罪的，依法追究刑事责任；给劳动者造成损害的，应当承担赔偿责任：

（一）以暴力、威胁或者非法限制人身自由的手段强迫劳动的；

（二）违章指挥或者强令冒险作业危及劳动者人身安全的；

（三）侮辱、体罚、殴打、非法搜查或者拘禁劳动者的；

（四）劳动条件恶劣、环境污染严重，给劳动者身心健康造成严重损害的。"

94 用人单位因生产经营需要延长工作时间应与工会和劳动者协商吗?

典型事例

某玩具厂于 2004 年 8 月争取到了一批订货合同,但合同约定的交货时间非常紧,为尽快完成任务,厂领导要求全体职工平时每天加班 3 小时,每周六全天,但事先并没有征求职工和工会的意见。对此,该厂职工李某等人对每天都要加班十分不满,坚持了半个多月后,向厂领导提出交涉,均被厂领导驳回。李某等人非常生气,几个人商定按照厂内规章规定的工作时间,到了下班时间就自行离厂。厂领导对李某等人的做法十分恼火,经几次批评无效后,以违反厂规厂纪为由做出了对李某等人予以辞退的决定。李某等人不服,向当地劳动争议仲裁委员会申诉,仲裁委员会经审理后,裁决厂方对李某等人做出的辞退决定无效。

法律分析

关于职工的工作时间,我国《劳动法》和相关法律文件都有明确规定。《劳动法》第 36 条规定,国家实行劳动者每日工作时间不超过 8 小时、平均每周工作时间不超过 44 小时的工时制度。国务院《关于职工工作时间的规定》(国务院令第 146 号)第 3 条规定:"职工每日工作 8 小时,每周工作 40 小时。"我国法律法规对劳动者工作时间的规定,是从保护劳动者休息、休假权利的角度出发的,任何单位和个人都无权违反上述法律规定。如果用人单位因特殊工作需要,确需延长劳动者工作时间的,也必须依法进行。《劳动法》第 41 条规定:"用人单位由于生产经营需要,经与工会和劳动者协商一致后可延长工作时间,一般每日不得超过一小时,因特殊原因需要延长工作时间的,在保障劳动者身体健康的条件下延长工作时间每日不得超过三小时，但是每月不得超过三十六小时。"劳动部《关于贯彻执行〈中华人民共和国劳动法〉若干问题的意见》第71条规定："协商是企业决定延长工作时间的程序（劳动法第42条和《劳动部贯彻〈国务院关于职工工作时间的规定〉的实施办法》第7条规定除外），企业确因生产经营需要，必须延长工作时间的，应与工会和劳动者协商。协商后，企业可以在劳动法限定的延长工作时数内决定延长工作时间，对企业违反法律、法规强迫劳动者延长工作时间的，劳动者有权拒绝。若由此发生劳动争议，可以提请劳动争议处理机构予以处理。"根据上述规定，与工会和劳动者进行协商，是用人单位延长劳动者工作时间的必经程序，而且每日、每月延长的工作时间不得超过规定的限度。

根据上述规定，本案中某玩具厂关于延长工作时间的决定存在两个问题：一是，延长工作时间的程序违法，该厂在既没有同工会协商，也没有征求劳动者的意见的情况下，单方面做出延长劳动者工作时间的决定，是违反有关的程序规定的；二是，延长工作时间超出了法律规定的时间限度，该厂要求职工每日加班3小时，并要求大家周六也要加班，这样计算下来已经超过了每月延长工作时间不得超过36小时的规定。因此，厂方不能因为李某等人拒绝这样做而决定辞退李某等人，劳动争议仲裁委员会关于厂方辞退李某等人的决定无效的裁决是正确的。

法律依据

《劳动法》第36条："国家实行劳动者每日工作时间不超过八小时、平均每周工作时间不超过四十四小时的工时制度。"

国务院《关于职工工作时间的规定》第3条："职工每日工作8小时，每周工作40小时。"

《劳动法》第 41 条："用人单位由于生产经营需要，经与工会和劳动者协商一致后可延长工作时间，一般每日不得超过一小时，因特殊原因需要延长工作时间的，在保障劳动者身体健康的条件下延长工作时间每日不得超过三小时，但是每月不得超过三十六小时。"

95　公司直接解雇员工，工会怎么办？

典型事例

小王在一家外资公司担任售后服务工作，同时兼了公司工会的一部分工作。年前，公司下属二车间发生了一起打斗事件。公司员工李某在工作时间与另一员工汪某因琐事发生口角，后被劝开，但在午休时间，李某又带着公司里的一批同乡与汪某理论，最后引发打斗。

公司领导得知此事后认为李某与汪某打斗的行为严重扰乱了公司经营秩序，就以严重违纪为由对李某及汪某都做出解除劳动合同的处理。汪某认为此次事件是李某挑起的，自己是被动的，公司对其也作解除劳动合同处理过重，数次至公司人事部门吵闹，要求公司撤销解除决定。同时，汪某又找到小王反映，要求工会与公司交涉。李某与汪某打架一事，工会倒是听说过，但最近工会主席正好出差在外，所以人事部门就直接开出了解除劳动合同通知书。现在工会该怎么处理这件事呢？法律上有什么规定吗？

法律分析

在我国，工会是职工自愿结合的工人阶级的群众组织，其最基本的职责就是代表职工的利益，依法维护职工的合法权益。我

221

国的《工会法》明确规定，工会可以通过平等协商和集体合同制度，协调劳动关系，维护企业职工劳动权益。各级工会组织还可以依照法律规定组织职工参与本单位的民主决策、民主管理和民主监督，参加本单位的民主管理和民主监督。

而用人单位提出解除劳动合同将直接对劳动者工作、生活造成影响，必须慎重为之。为了保障劳动者的合法权益不受侵害，同时也是为了缓解用人单位与劳动者之间的矛盾，《劳动合同法》及《工会法》均规定用人单位在行使劳动合同解除权时应当将相应事由提前通知工会。工会认为不适当的，有权提出意见。工会如认为企业违反法律、法规和有关合同，要求重新研究处理时，企业应当研究工会的意见，并将处理结果书面通知工会。

企业的工会委员会是基层工会组织，可以临时召开会员大会或者会员代表大会讨论决定工会工作的重大问题。公司工会主席出差在外不是公司可以不将相关事由提前通知工会的合理理由。公司在对员工做出违纪解除劳动合同前未通知并征求工会意见的做法是欠妥的。而且根据最高人民法院《关于审理劳动争议案件适用法律若干问题的解释（四）》的规定，建立了工会组织的用人单位解除劳动合同即使符合《劳动合同法》第 39 条、第 40 条规定，但未按照《劳动合同法》第 43 条规定事先通知工会，用人单位也要承担违法解除劳动合同的相应责任，但起诉前用人单位已经补正有关程序的除外。

现被解除合同的员工汪某已经就此事提出异议，作为职工权益代表者和维护者的工会组织应当听取和反映职工的意见和要求。建议工会与公司方就对汪某做出解除劳动合同所依据的事实及法律等进行沟通，如工会认为公司解雇违法，可以要求公司重新研究处理，公司应当研究工会的意见，并将处理结果书面通知工会。公司在听取工会意见后如仍坚持原处理意见的，工会可以建议个人将劳动合同解除合法性的争议提交仲裁部门裁决。

法 律依据

《工会法》第 6 条："维护职工合法权益是工会的基本职责。工会在维护全国人民总体利益的同时，代表和维护职工的合法权益。

工会通过平等协商和集体合同制度，协调劳动关系，维护企业职工劳动权益。

工会依照法律规定通过职工代表大会或者其他形式，组织职工参与本单位的民主决策、民主管理和民主监督。

工会必须密切联系职工，听取和反映职工的意见和要求，关心职工的生活，帮助职工解决困难，全心全意为职工服务。"

《工会法》第 21 条："企业、事业单位处分职工，工会认为不适当的，有权提出意见。

企业单方面解除职工劳动合同时，应当事先将理由通知工会，工会认为企业违反法律、法规和有关合同，要求重新研究处理时，企业应当研究工会的意见，并将处理结果书面通知工会。

职工认为企业侵犯其劳动权益而申请劳动争议仲裁或者向人民法院提起诉讼的，工会应当给予支持和帮助。"

《劳动合同法》第 43 条："用人单位单方解除劳动合同，应当事先将理由通知工会。用人单位违反法律、行政法规规定或者劳动合同约定的，工会有权要求用人单位纠正。用人单位应当研究工会的意见，并将处理结果书面通知工会。"

用人单位否认与劳动者存在劳动关系时，劳动者如何举证？

96

典型事例

2009 年 7 月，小张经朋友介绍到某公司担任营销人员，入职时，公司没有和小张签订劳动合同。由于是朋友介绍，小张也没有在意劳动合同的事情。之后由于经济危机影响，公司业务萎缩，包括小张在内的一些营销人员被裁员，但公司拒绝支付相应的经济补偿金。小张起诉后，公司拒绝承认和小张存在劳动关系。小张该如何举证维护自己的合法权益呢？

法律分析

目前，部分用人单位在应诉过程中否认和劳动者存在劳动关系。法院在审理中，根据举证责任的分配原则，首先要求劳动者承担存在劳动关系的初步举证责任，所以如果不能提供有效证据证明劳动关系的存续，劳动者将在主张相关权益方面陷入完全的被动局面。那么劳动者如何举证维权呢？

1. 以入职时要求签订劳动合同为基本原则。劳动合同是规定劳动者与用人单位权利义务关系的最重要的文件。劳动合同的签订，可以在劳动争议过程中有效维护劳动者的权益，故而在入职时劳动者务必要求和单位签订劳动合同。需要说明的是，部分企业在和劳动者签订劳动合同时，将一式两份合同文本全部收走，这是与法相悖的，劳动者应主动索要合同副本作为今后主张权利的依据。

2. 在公司规章允许情况下尽量保留能证明提供劳动的材料原件。在用人单位否认劳动关系的情况下，类似加盖公司公章的业务授权委托书、代签的业务合同，申办贷款、信用卡的工资证明，暂住证以及单位评定员工等级的证明等都可能被认定为确认劳动关系的依据，所以在与用人单位规章制度不相悖的情况下，劳动者应尽量保存这些资料原件。这也提醒广大劳动者一定要提高法律观念，增强证据意识和职业风险意识。

3. 申请法院向有关单位、部门调查取证。为保护劳动者的诉讼权益，法律赋予当事人申请法院调查取证的权利。在目前情况下，有些社会单位是不接待公民个人调查取证的，比如各大商业银行和社会保障行政部门等。如果用人单位为劳动者缴纳了社会保险或者委托银行向劳动者代发工资，那么劳动者可以申请法院向这些部门调取相关的文件。社会保险缴费证明以及代发工资协议都可以视为劳动者证明劳动关系存在的有力证据。

4. 请在职期间的同事提供证人证言。请在职期间的同事提供证言是很多劳动者在诉讼过程中可能想到的举证方式，但证人证言的提供需要注意以下事项：证人首先要能够证明其和用人单位之间存在劳动关系；其次，证人和用人单位之间不能存在劳动争议，否则会被视为和案件有利害关系；最后，证人开庭时一定要出庭作证，单纯的书面证言一般不为法院采信。

5. 申请服务客户出具证明。在用人单位既没有签订劳动合同也没有缴纳社会保险，工资也是现金发放，而且劳动者也没有保留有效证据的情况下，劳动者可以尝试申请提供过服务的公司客户为自己出具证明，证明自己曾经以用人单位的名义向其提供过服务。如果客户是公民，则需作为证人出庭，如果是法人单位则需要加盖单位公章的书面证明。一般情况下，出于业务合作关系，让客户出具证明很困难，所以劳动者还是应立足于以上其他途径维护权益。

法 律依据

劳动和社会保障部关于确立劳动关系有关事项的通知

（劳社部发〔2005〕12 号）

各省、自治区、直辖市劳动和社会保障厅（局）：

近一个时期，一些地方反映部分用人单位招用劳动者不签订劳动合同，发生劳动争议时因双方劳动关系难以确定，致使劳动者合法权益难以维护，对劳动关系的和谐稳定带来不利影响。为规范用人单位用工行为，保护劳动者合法权益，促进社会稳定，现就用人单位与劳动者确立劳动关系的有关事项通知如下：

一、用人单位招用劳动者未订立书面劳动合同，但同时具备下列情形的，劳动关系成立。

（一）用人单位和劳动者符合法律、法规规定的主体资格；

（二）用人单位依法制定的各项劳动规章制度适用于劳动者，劳动者受用人单位的劳动管理，从事用人单位安排的有报酬的劳动；

（三）劳动者提供的劳动是用人单位业务的组成部分。

二、用人单位未与劳动者签订劳动合同，认定双方存在劳动关系时可参照下列凭证：

（一）工资支付凭证或记录（职工工资发放花名册）、缴纳各项社会保险费的记录；

（二）用人单位向劳动者发放的"工作证"、"服务证"等能够证明身份的证件；

（三）劳动者填写的用人单位招工招聘"登记表"、"报名表"等招用记录；

（四）考勤记录；

（五）其他劳动者的证言等。

其中，（一）、（三）、（四）项的有关凭证由用人单位负举证责任。

三、用人单位招用劳动者符合第一条规定的情形的，用人单位应当与劳动者补签劳动合同，劳动合同期限由双方协商确定。协商不一致的，任何一方均可提出终止劳动关系，但对符合签订无固定期限劳动合同条件的劳动者，如果劳动者提出订立无固定期限劳动合同，用人单位应当订立。

用人单位提出终止劳动关系的，应当按照劳动者在本单位工作年限每满一年支付一个月工资的经济补偿金。

四、建筑施工、矿山企业等用人单位将工程（业务）或经营权发包给不具备用工主体资格的组织或自然人，对该组织或自然人招用的劳动者，由具备用工主体资格的发包方承担用工主体责任。

五、劳动者与用人单位就是否存在劳动关系引发争议的，可以向有管辖权的劳动争议仲裁委员会申请仲裁。

97 公益性岗位解除或终止劳动关系，应否支付经济补偿金？

典型事例

职工王某系家庭就业困难人员，由于年龄大身体也不好，于2009年4月被区政府安排进了公益性岗位工作（协管员），并签订了3年期限的劳动合同。劳动合同期满后，单位书面通知劳动合同到期后将不再续签。王某对此亦无异议，但认为根据《劳动合同法》的规定，单位理应按他的工作年限支付经济补偿金。但单位以他所在的岗位是公益性岗位为由，拒绝了他的要求。王某对此不能理解。公益性岗位解除或终止劳动关系，应该支付经济补偿金吗?

法律分析

本案具有一定的普遍性,涉及对公益性岗位的正确认识与法律适用问题,现谈谈公益性岗位的相关知识。

1. 公益性岗位的概念。首先,要界定什么是公益性岗位。原劳动和社会保障部《关于开展下岗失业人员再就业统计的通知》(劳社厅发〔2003〕4号)对公益性岗位的解释为:"主要由政府出资扶持或社会筹集资金开发的,符合公共利益的管理和服务类岗位。"《广州市公益性岗位申报和安置困难群体就业实施办法》规定公益性岗位是指纳入市或区级财政投资,并由相关政府部门进行管理的非编制服务性岗位。

从地方规章看,对公益性岗位范围规定不一,但大致可以分为:政府出资和政府、社会、消费者共同出资以及企业出资等形式产生的以安置大龄下岗失业人员为主这三种情形。概括起来有以下三类:①社区管理岗位,包括社区劳动保障协管员、交通执勤、市场管理、环境管理、物业管理等;②社区服务岗位,包括社区保安、卫生保洁、环境绿化、停车场管理、公用设施维护、报刊亭、电话亭、社区文化、教育体育、保健、托老、托幼服务等;③社区内单位的后勤岗位,包括机关事业单位的门卫、收发、后勤服务等临时用工岗位。

2. 公益性岗位究竟属于何种性质?岗位终止(解除)后,是否应当享受经济补偿金?公益性岗位是政府帮助那些通过市场竞争难以实现就业的困难人员的就业援助措施,而不是按照市场机制相互选择协商一致后确定的劳动关系,它体现的是一种公益性、临时性和过渡性的特点。

《劳动合同法实施条例》第12条规定:"地方各级人民政府及

县级以上地方人民政府有关部门为安置就业困难人员提供的给予岗位补贴和社会保险补贴的公益性岗位，其劳动合同不适用劳动合同法有关无固定期限劳动合同的规定以及支付经济补偿的规定。"同时《就业促进法》第 5 条也明确规定："政府投资开发的公益性岗位，应当优先安排符合岗位要求的就业困难人员。被安排在公益性岗位工作的，按照国家规定给予岗位补贴。"

之所以不适用"无固定期限劳动合同"的规定，是为了避免公益性岗位成为部分人员的长期工作岗位，不利于安排其他需要照顾的就业困难群体；而不适用"经济补偿"的规定，则是为了降低用人单位的用工成本，增加用人单位接纳就业困难人员的积极性，从而缓解困难人员的就业难度。

由此可见，公益性岗位是政府为就业困难人员提供的一种就业援助措施。因此，公益性岗位的劳动合同按照《劳动合同法实施条例》关于不能适用《劳动合同法》有关无固定期限劳动合同的规定以及支付经济补偿的规定，既有利于维护在公益性岗位上工作的劳动者的基本劳动权益，又有利于调动用人单位吸纳就业困难人员的积极性，还有利于鼓励就业困难人员通过接受再就业培训等，从而积极提高自身技能，通过人力资源市场自谋职业实现再就业。

需要注意的是，虽然根据《劳动合同法实施条例》第 12 条的规定，公益性岗位的劳动合同不适用劳动合同法有关无固定期限劳动合同的规定以及支付经济补偿的规定，但按照该条例的规定，笔者认为：除了有关无固定期限劳动合同的规定以及支付经济补偿的规定之外，劳动合同法的其他规定均应当适用于公益性岗位，劳动者权益受到侵害时，仍然可以通过法律程序维护自身合法权益。

法律依据

《劳动合同法实施条例》第 12 条："地方各级人民政府及县级以上地方人民政府有关部门为安置就业困难人员提供的给予岗位补贴和社会保险补贴的公益性岗位，其劳动合同不适用劳动合同法有关无固定期限劳动合同的规定以及支付经济补偿的规定。"

《就业促进法》第 53 条："政府投资开发的公益性岗位，应当优先安排符合岗位要求的就业困难人员。被安排在公益性岗位工作的，按照国家规定给予岗位补贴。"

98 农民工主张未缴纳养老保险损失赔偿之请求权适用一年的仲裁时效吗？

典型事例

李某，农村户籍，于 1998 年入职某服装公司，双方订立劳动合同。某服装公司自 2005 年 3 月开始为李某缴纳社会保险。2010 年 5 月 12 日，李某以个人原因为由提出书面辞职。2010 年 5 月 30 日，双方签订解除劳动合同协议书，办理了解除劳动合同手续。2010 年 7 月 15 日，李某诉至劳动争议仲裁委员会，要求某服装公司支付：自 1999 年 6 月 1 日至 2005 年 2 月 28 日期间未缴纳养老保险的损失赔偿 7203 元；自 1999 年 6 月 1 日至 2005 年 2 月 28 日期间未缴纳失业保险的损失赔偿 2808 元。仲裁委员会认为：劳动者于 2010 年 7 月申请仲裁，要求某服装公司支付自 1999 年 6 月 1 日至 2005 年 2 月 28 日期间未缴纳养老、失业保险的损失赔偿，已经超过了 1 年的仲裁时效。仲裁委员会依法驳回了李某的仲裁请求。李某不服仲裁结果，诉至法院。

98. 农民工主张未缴纳养老保险损失赔偿之请求权适用一年的仲裁时效吗？

法 律分析

　　我国法律赋予农民工参加并享受养老保险待遇的权利。《劳动法》规定，劳动者有享受社会保险和福利的权利；用人单位和劳动者必须依法参加社会保险，缴纳社会保险费。《劳动法》没有将劳动者区分为城镇职工和农民工，对所有劳动者一视同仁。《社会保险征缴暂行条例》同样没有将劳动者区分为城镇职工和农民工，社会保险的征缴范围涵盖城镇各类企业和职工。但是，《劳动法》没有具体规定农民工如何参加社会保险，缺乏可操作性。1997年7月16日《国务院关于建立统一的企业职工基本养老保险制度的决定》的出台，标志着我国基本养老保险制度在全国正式确立，但其规定"基本养老保险制度逐步扩大到城镇所有企业及其职工"。在当时城乡二元结构明显，城乡居民各项待遇差异客观存在，基本养老保险制度在企业和城镇职工中间推行上存在一定难度的现实情况下，农民工参加并享受养老保险待遇的难度可想而知。虽然各地方相继出台了基本养老保险制度，但是该制度只适用于城镇职工，将农民工排除在外。2006年3月27日《国务院关于解决农民工问题的若干意见》确立了解决农民工养老保险问题的基本思路："根据农民工最紧迫的社会保障需求，坚持分类指导、稳步推进，优先解决工伤保险和大病医疗保障问题，逐步解决养老保障问题"，"探索适合农民工特点的养老保险办法"。至此，农民工养老保险尚没有一套切实可行的制度支持。在这期间，一些地方制定了针对农民工参加的基本养老保险制度，但普遍存在法律效力层级低、强制性不强、推行不力、保险待遇低、参保率低等先天不足。2011年7月实施的《社会保险法》首次从社会保险法律和制度上明确，进城务工的农村居民参加社会保险和享受社会保险待遇。至此，农民工参加和享受基本养老保险，真正从法律和制度上有了保证。

本案中，一方面，公司员工均为农民工，公司没有为他们建立社会保险账户，整体均未缴纳保险，从 2005 年 3 月开始，公司为包括李某在内的所有员工缴纳养老、失业等社会保险。按照最高人民法院《关于审理劳动争议案件适用法律若干问题的解释（三）》第 1 条的规定，只有在用人单位没有为劳动者建立社会保险关系，且不能享受保险待遇的情况下，劳动者才能通过诉讼主张损失赔偿。公司从 2005 年 3 月开始为职工建立社会保险账户，缴纳养老、失业等社会保险，属于已经建立社会保险关系的情形，李某可通过劳动与社会保障部门解决保险问题，而不是通过诉讼程序解决。另一方面，未缴纳社会保险的"赔偿"，在法律性质上属于赔偿金性质，不属于工资报酬。按照《劳动争议调解仲裁法》第 27 条第 1 款的规定，劳动争议申请仲裁的时效期间为 1 年，从当事人知道或者应当知道其权利被侵害之日起计算。至少劳动者从 2005 年 3 月缴纳保险时就应当知道之前企业没有为其交保险，因此，仲裁时效应当从 2005 年 3 月开始起算，而劳动者 2010 年 7 月才申请仲裁，即使本案由法院处理，其请求也已经超过申请仲裁时效，其主张不受法律保护。故仲裁委员会对李某要求 2005 年 3 月之前未缴纳养老、失业保险的损失赔偿请求，不予支持是正确的。

法律依据

《劳动法》第 70 条："国家发展社会保险事业，建立社会保险制度，设立社会保险基金，使劳动者在年老、患病、工伤、失业、生育等情况下获得帮助和补偿。"

《社会保险法》第 10 条第 1 款："职工应当参加基本养老保险，由用人单位和职工共同缴纳基本养老保险费。"

《社会保险法》第 44 条："职工应当参加失业保险，由用人单位和职工按照国家规定共同缴纳失业保险费。"

《社会保险法》第 95 条："进城务工的农村居民依照本法规定参加社会保险。"

《劳动争议调解仲裁法》27 条第 1 款："劳动争议申请仲裁的时效期间为一年。仲裁时效期间从当事人知道或者应当知道其权利被侵害之日起计算。"

99 农民工如何主张未缴纳社会保险的损失？

典型事例

宋某于 2009 年入职于北京某咨询公司担任销售的工作。2012 年 2 月 12 日该公司以宋某不适合销售的职位为由对其进行调岗，宋某不服，双方发生争议，宋某遂向该公司寄送解除劳动关系的通知书，于次日离职。宋某系外地农业户籍人员，某咨询公司未为其缴纳过养老、失业等社会保险费。2012 年 4 月 23 日，宋某以该公司一直未为其缴纳社会保险费为由，申诉至劳动争议仲裁委员会，请求该公司赔偿其未缴纳养老保险的补偿 1 万元、未缴纳失业保险的一次性生活补助费 4000 元，得到仲裁委员会的支持。

法律分析

随着《社会保险法》等法律法规的实施，我国进城务工农民的社会保险权利得到进一步明确和更有力的法律保护。但是，在新法实施的过渡阶段，仍有大量用人单位不履行法定义务，不为农民工缴纳社会保险。农民工对此都享有哪些救济权利呢？

劳动者有依法享受社会保险和福利的权利。就本案而言，根据 2001 年 8 月 27 日颁布的《北京市农民工养老保险暂行办法》（京劳社养发〔2001〕125 号）第 3 条的规定，用人单位自招用农民工之月起，必须与其签订劳动合同，并为其办理参加养老保险手续。该办法第 15 条规定，因用人单位未参加养老保险或未足额缴纳单位与个人的养老保险费，致使农民工不能按规定享受养老保险待遇的，用人单位应按照本办法的标准予以补偿。根据《农民合同制职工参加北京市养老、失业保险暂行办法》（京劳险发［1999］99 号）第 5 条的规定，用人单位应当按照本办法的规定，为农民合同制职工缴纳养老及失业保险费。农民合同制职工与用人单位终止、解除劳动合同后，符合该办法规定的，可以享受一次性养老保险待遇和失业保险一次性生活补助费。本案某咨询公司未为宋某缴纳社会保险费，现双方劳动关系已经解除，故该公司应支付宋某未缴纳养老保险损失及失业保险一次性生活补助费，具体数额由法院根据上述规定进行计算。

进城务工的农民，在与用人单位建立劳动关系之后，用人单位应像对待城镇户籍员工一样，为其依法缴纳各项社会保险，尤其是养老、失业和工伤保险。鉴于农民工身份具有特殊性，很多地方性法规均要求，如果用人单位未依法为农民工缴纳社会保险，则在双方解除或终止劳动关系之后，用人单位应当按照应当缴纳社会保险费的标准，对农民工进行赔偿；用人单位不赔偿的，农民工有权申请劳动仲裁，对仲裁裁决不服的，还可以起诉至法院。

目前而言，农民工可以主张的社会保险损失主要包括养老保险损失、失业保险一次性生活补助费。这两项损失的计算依据，均是用人单位应当为农民工缴纳社会保险的数额标准。另外，如果农民工发生工伤时，用人单位未为其缴纳工伤保险，则用人单位应当依照《工伤保险条例》等相关规定，自行负担对农民工的各项工伤待遇。目前为止，将农民工医疗保险规定为强制缴纳险种的地方尚不多。农民工医疗保险领域的立法有待加强。

法 津依据

《劳动法》第 3 条第 1 款："劳动者享有平等就业和选择职业的权利、取得劳动报酬的权利、休息休假的权利、获得劳动安全卫生保护的权利、接受职业技能培训的权利、享受社会保险和福利的权利、提请劳动争议处理的权利以及法律规定的其他劳动权利。"

《社会保险法》第 95 条："进城务工的农村居民依照本法规定参加社会保险。"

《农民合同制职工参加北京市养老、失业保险暂行办法》第 5 条："用人单位应当按照本办法的规定，为农民合同制职工缴纳养老及失业费。农民合同制职工与用人单位终止、解除劳动关系后，符合本办法规定的可以享受一次性养老保险待遇和失业保险一次性生活补助费。"

《农民合同制职工参加北京市养老、失业保险暂行办法》第 22 条："农民合同制职工因用人单位未参加社会保险或未足额缴纳养老、失业保险费，不能享受养老保险待遇和失业保险一次性生活补助费待遇的，用人单位应按照本办法规定的标准予以补偿。"

100 劳动争议案件先予执行的申请，应当满足什么条件？

典 型事例

陆某是从四川来沪务工人员，在一家物业公司做保洁员，每月的工资按照上海市最低工资标准领取。自 2008 年 10 月起，用人单位以公司效益不好为由开始拖欠她的工资，直到 2009 年 1 月底春节将至，单位已经欠陆某 4 个月的工资没有支付。陆某很着急，物业公司的违法行为已经严重影响了她的生活，造成了她经济上的困难。无奈之下，陆某向物业公司所在地的法律援助中心提出了法律援助申请，法律援助中心经审查受理了陆某的申请，并指派给某律师事务所办理此劳动争议案件。该律所的华律师接手了陆某的案件，在了解到陆某的实际困难后，华律师及时协助陆某申请了劳动争议仲裁，并申请了拖欠工资待遇的先予执行。像陆某的这种情况符合申请先予执行的条件吗？劳动争议仲裁庭应当如何处理陆某的先予执行申请呢？

法津分析

《民事诉讼法》中的先予执行，是人民法院审理案件时为了解决有些案件中的权利人因经济困难，不能维持正常的生活，或者无法进行生产经营活动等问题，而在做出最终判决前，先裁定被申请人给付申请人一定数额的款项或其他财物，或者裁定被申请人实施某种行为或停止某种行为的一项制度。在劳动争议仲裁处理中也设计了先予执行的制度，仲裁庭对追索劳动报酬、工伤医疗费、经济补偿或者赔偿金的案件，根据当事人的申请，可以裁决先予执行，移送人民法院执行。仲裁庭裁决先予执行的，应当符合下列条件：当事人之间权利义务关系明确；不先予执行将严重影响申请人的生活。劳动者申请先予执行的，可以不提供担保。

可见，劳动争议仲裁中的申请先予执行是需要一定条件的。首先，先予执行的案件类型仅限于追索劳动报酬、工伤医疗费、经济补偿或者赔偿金的案件，其他的劳动争议仲裁案件不能适用先予执行制度。其次，对于先予执行的案件当事人也是有要求的，一方面当事人之间权利义务关系明确，另一方面不先予执行将严重影响申请人的生活。

劳动争议仲裁的当事人向劳动争议仲裁委员会申请先予执行的，应当依法进行审查，符合先予执行条件的，可以裁定先予执行，并移送人民法院执行。先予执行措施带有强制性的特点，依法只能由人民法院采取，因此劳动争议仲裁委员会并没有直接采取先予执行措施的权限，而必须移送人民法院。

上面的案例中，劳动争议仲裁庭经审查认为陆某的情况符合申请先予执行的条件，于是可以裁定先予执行并由人民法院予以执行。

法 律依据

《民事诉讼法》第 106 条："人民法院对下列案件，根据当事人的申请，可以裁定先予执行：

（一）追索赡养费、扶养费、抚育费、抚恤金、医疗费用的；

（二）追索劳动报酬的；

（三）因情况紧急需要先予执行的。"

《民事诉讼法》第 107 条："人民法院裁定先予执行的，应当符合下列条件：

（一）当事人之间权利义务关系明确，不先予执行将严重影响申请人的生活或者生产经营的；

（二）被申请人有履行能力。

人民法院可以责令申请人提供担保，申请人不提供担保的，驳回申请。申请人败诉的，应当赔偿被申请人因先予执行遭受的财产损失。"

《劳动争议调解仲裁法》第 44 条："仲裁庭对追索劳动报酬、工伤医疗费、经济补偿或者赔偿金的案件，根据当事人的申请，可以裁决先予执行，移送人民法院执行。

仲裁庭裁决先予执行的，应当符合下列条件：

（一）当事人之间权利义务关系明确；

（二）不先予执行将严重影响申请人的生活。

劳动者申请先予执行的，可以不提供担保。"

图书在版编目（ＣＩＰ）数据

农村居民在城市务工权益保护法律指南：案例应用版/段建辉著.—北京：中国政法大学出版社，2015.2

ISBN 978-7-5620-5923-3

Ⅰ．①农⋯　Ⅱ．①段⋯　Ⅲ．①民工－劳动就业－劳动法－中国－指南　Ⅳ．①D922.5-62

中国版本图书馆CIP数据核字(2015)第038831号

出　版　者	中国政法大学出版社	
地　　　址	北京市海淀区西土城路 25 号	
邮寄地址	北京 100088 信箱 8034 分箱　邮编 100088	
网　　　址	http://www.cuplpress.com（网络实名：中国政法大学出版社）	
电　　　话	010-58908285(总编室) 58908334(邮购部)	
承　　　印	固安华明印业有限公司	
开　　　本	880mm×1230mm　1/32	
印　　　张	8	
字　　　数	190 千字	
版　　　次	2015 年 2 月第 1 版	
印　　　次	2015 年 2 月第 1 次印刷	
定　　　价	18.00 元	